JN101709

直感で理解する!

建築デザイナーのための

構造技術の基本

山浦晋弘 著
日本建築協会 企画

学芸出版社

まえがき

建築物の設計において、住宅、病院、庁舎、オフィス、商業、教育、工場、スポーツなど、個々の施設の専門知識や設計のノウハウを必要とするようになり、特定の建築物に精通した意匠設計者（以下、建築デザイナー）が生まれています。一方、構造や設備の設計者はどちらかと言えば、住宅からスタジアムまで何でも設計できるスキルが求められているように思います。このように専門家としての様相が異なるものの、設計の分業化はどんどん加速しています。

ところが、意匠、構造、設備は互いに独立したものではなく、便宜的に分類しているだけのような気がします。できあがる建築物は一つです。どの設計担当者も「自分のやるべきことはやった。あとは任せた」では、整合のとれた建築物にはなりません。もう少しだけ、お互いの領域に関心をもって足を踏み入れても良いのではないかと考えます。専門的なことはともかく、計画初期の段階で構造に関する基本知識を知っていると、建築デザイナーのデザインの選択肢がもっと広がるように思います。もちろん、これは構造設計者にも当てはまることで、建築計画や設備計画の基本を知って相互理解が深まれば、建築の質もいっそう向上するのではないでしょうか。

本書は、『直感で理解する！ 構造設計の基本』『直感で理解する！ 構造力学の基本』に続く直感シリーズの第3冊目となる本です。前2冊と同様、構造力学の専門書に出てくるような難しい数式を使わず、直感に訴えかけるよう、平易な文章と手描きのイラストで解説しました。本書は、主として建築デザイナーに向けて執筆したものですが、若手の構造設計者にも十分参考になるものと考えています。第1章では構造設計の根幹を、第2章、第3章ではそれぞれ構造技術とディテールについて解説しています。また、

第4章は、実際のプロジェクトで構造設計者としてどういうことを考えていたか、頭の中を覗いていろいろな着想のヒントにしてもらおうと執筆しました。

構造設計に唯一の正解はありません。構造設計者が百人いれば百通りの解が得られるものです。そういう意味では、本書もその解のひとつを示したに過ぎません。経験しないことは書けませんし、ほかを探せばもっと良い解が見つかると思います。ただ、建築はいずれも特殊解です。だからこそ、構造的な着想や課題解決のプロセス、構造技術の使いどころを自分のものとして吸収し、今後の建築設計に活かしてほしいと願っています。

2021年7月吉日

山浦晋弘

目次

第2章　建築デザインの幅を広げる構造技術と発想

第3章　細部のカタチにこだわるための構造的解決法

第4章　構造設計者の頭の中を覗く

第 1 章

建築デザインの前に共有したいこと

1. 本と建築の類似性

筆者はこれまで単行本を4冊執筆してきました。こうした本を1冊執筆するのに何ヶ月もかかっているようなイメージを持たれているのではないかと思います。頁数にして200頁前後になるのですが、企画書作成から出版までは1年と少しかかるものの、本文そのものは、ゴールデンウィークやお盆など、まとまった休暇を使って一気に書き上げるようにしています。多い時には1日20頁以上書くこともあります。

企画から出版までのうち、最も時間をかけるのが企画書の作成です。平均して3ヶ月ぐらいかけています。企画書自体はA4版でわずか3枚程度のものですが、まず本のコンセプト（特徴）とその内容を端的に表すタイトルを決めるところから始めます。類書と同じものを出していては企画する意味がないので、差別化を図るためのコンセプトづくりは欠かせません。次に、その本を誰に読んでもらうのかを想定し、本のサイズやボリューム（頁数）を決めます。とくに、サイズを決めないと挿入する図表やイラストのサイズや内容にまで影響します。

それらが固まると、いよいよ目次案の作成に入ります。ここでは毎回、生みの苦しみを味わいます。目次の章立てを決め、各章の項目が埋まる頃には、頭の中に本のイメージが出来上がるのですが、とくに項目の見出しは、内容が一目でわかり、どれだけ食いつきの良いものにするかが問われます。見出しとともに、執筆する内容をイメージしながら、割り当てる頁数も決めておきます。そして、見出しの数と全体の頁数を見比べながら、必要に応じて見出しの数の増減を調整します。

表紙のカバーも目次と同様に重要です。とにかく書店で手に取ってもらわないことには話になりません。そのため、書店に行って実際にどういう色が目立つか、その時のタイトルの大きさは？フォントは？色は？といったことをあらかじめイメージしておきます。これは装丁のデザイナーに本の意図を正しく伝えるためで、原稿をほぼ書き終わる頃までにイメージを固めるようにしています。

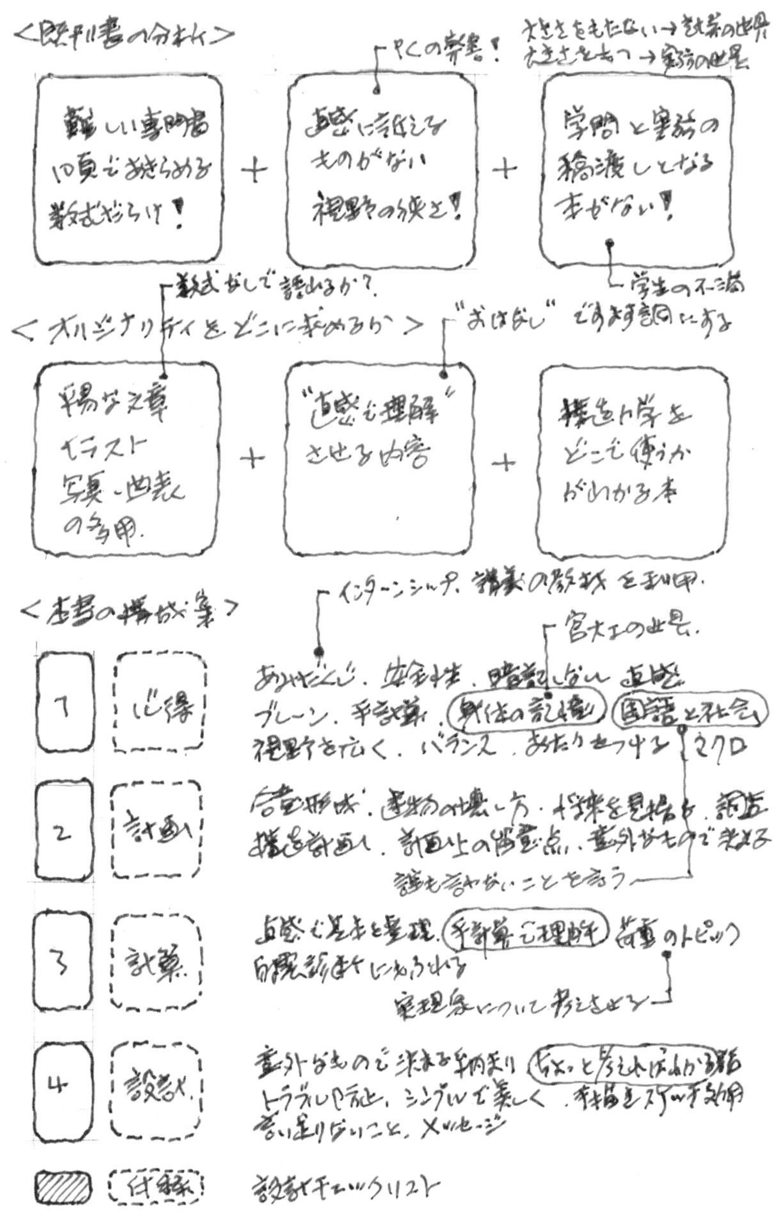

企画案の痕跡（『直感で理解する！構造設計の基本』）

このように、本の出版では企画書作成の段階がもっとも重要だということがわかってもらえると思います。これができれば、あとはコンセプトに沿って作業をするだけです。このコンセプトが弱かったり途中でぐらつくと、結局どういう本を書こうとしていたのだろうか、ということになりかねません。筆者自身、執筆は単なる作業の範疇だととらえています。目次の項目ができたら、あとは空いた時間に書くことをメモしておき、時間を見つけて一気に清書するだけです。

建築設計も同じことが言えるように思います。建築設計でもっとも大事なことは「おはなし」だと思っています。立場上、新規プロジェクトの構造的な相談を受けることが多いのですが、建築用途だけ決まっていて、ブロックプランすら漠然とした構想段階のものもあれば、すでに平面図ができていて、いきなり仮定断面を訊いてくるものまであって、その内容はさまざまです。

いろいろな知恵を注げるのは、明らかに前者のほうです。最初に打合せする時は、こちらから構造の話をしません。まず、どういうモノを作ろうかといった「おはなし」をすることにしています。先ほどの本の出版に例えれば企画書作成に相当し、もっとも重要なプロセスです。この段階で骨太のコンセプトなり設計方針を出さないと、出来上がる建物が極めて曖昧なものになるからです。

何をしたいかがわかると、「じゃあ、こうしたらどう？」とか「それよりこうした方が良い」と提案することもでき、漠然としていたイメージを共有して具現化させることができます。いわゆる目次をプロジェクトメンバー全員で作成するわけです。当然、出来上がる本は共著になります。設計はひとりではできません。そして、設計方針が固まったら、法的な裏付けを確認しながら実際に図面化し、基本設計を詰めていきます。この完成度を上げれば実施設計は「執筆」という単なる作業になります。このように、本の出版と建築設計のプロセスは本当によく似ており、企画書作成がすべてと言っても過言ではありません。

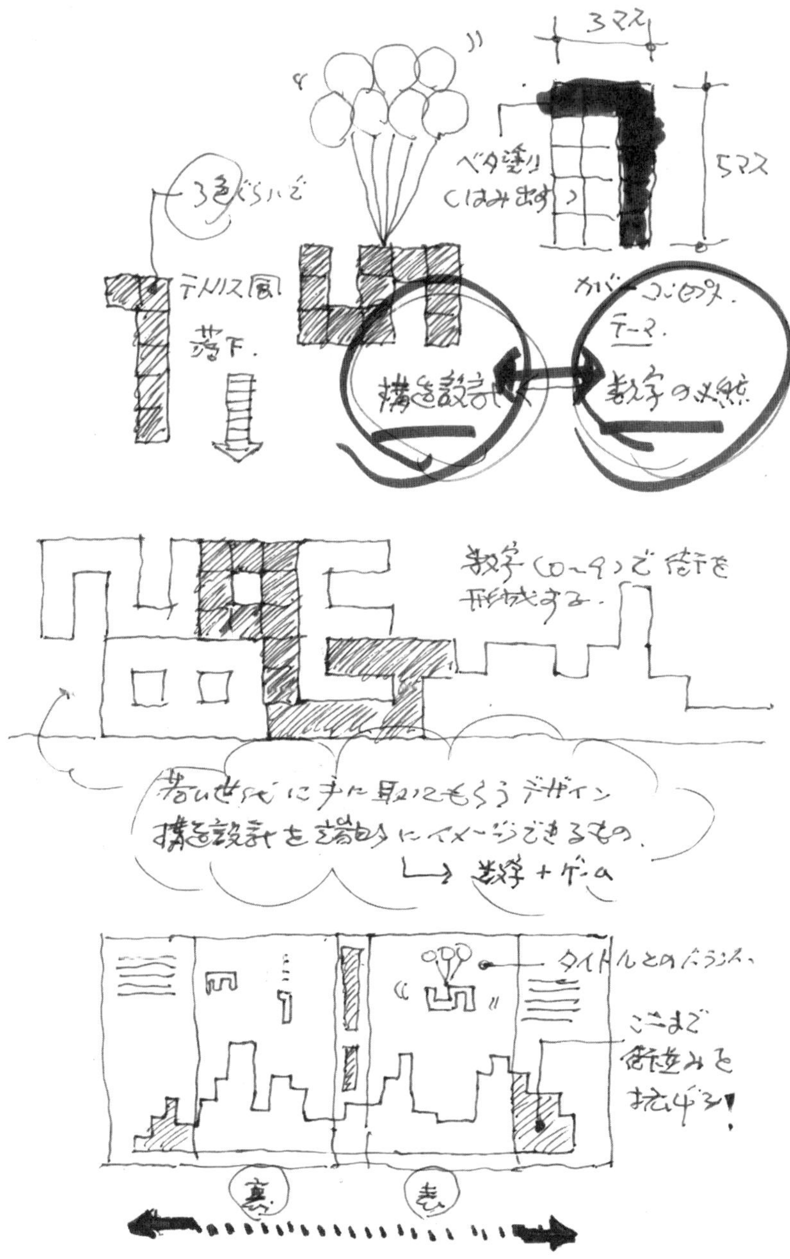

カバーデザインのスケッチ（『直感で理解する！構造設計の基本』）

2. 自然現象と自然災害

「被災者生活再建支援法」第2条1項では、自然災害が「暴風、豪雨、豪雪、洪水、高潮、地震、津波、噴火その他の異常な自然現象により生ずる被害をいう」と定義されています。そこに人が住んでいなければ、単なる自然現象で済みますが、建築物ができて人が住み始めた瞬間に自然災害のリスク[1)]が生まれます。

日常、私たちは何不自由なく生活していますが、利便性と引き換えにちょっとした環境の変化にも対応が追いつかなくなってきました。たとえば、東京に雪がわずか10センチ積もっただけで交通機関がマヒしたり、転倒者や車のスリップ事故が相次ぎます。地震が起これば交通渋滞や帰宅困難者で大混乱に陥ったり、また局地的な豪雨により河川が氾濫したり、道路が冠水し、家屋に浸水被害が生じたりします。一般的には、建築物や人が密集するほど、外力が大きいほど、そして災害に対する備えが低いほど、自然災害のリスクが増えます。

こうした自然災害を未然に防ぐには、建築だけでなくさまざまな分野の専門家の協力と連携が必要で、どこか一部署だけが対策を講じれば解決するという話ではありません。それぞれの持ち場でやるべきことをやって初めて減災、防災に結びつくわけです。しかし、先に述べた自然災害のリスク要因のうち、構造設計者が直接関与できるのは、自然災害に対する備えだけです。

日本国憲法第29条の財産権により、建築基準法が要求する耐震性能を最低基準とせざるを得ない事情がある一方で、年々台風が大型化し、予想される最大瞬間風速が80m/sクラスの超大型台風も日本をうかがうようになりました。外力は確定値ではないことを理解し、法律にとらわれないでどの程度の外力に対して設計すべきかを設計者として柔軟に考えることがより重要になります。性能はお金で買うものです。それをクライアントにはっきりと伝えて認識してもらうことが大事で、構造設計者の社会的な地位向上もそのプロセス抜きには考えられません。

自然災害

3.　力を流す経路をどうデザインするか？

建物に作用する外力は、建物そのものの荷重（固定荷重）、あるいは床に載る荷重（積載荷重）のように鉛直方向に作用するものと、地震荷重のように水平方向に作用するものに大別できます。固定荷重には、躯体のほかに天井、設備ダクト類、仕上げ材などの重量が含まれます。また積載荷重には、人や物の重量が含まれます。一方、建物の屋根や壁の表面に作用する風圧力、地下壁や底版に作用する土圧や水圧は、鉛直方向、水平方向の双方に作用します。

これらの外力を建物上部から下部へと流し、最後は基礎から地盤へと伝達させることが構造設計の基本です。その伝達経路は無限にあって、力を流す経路をどう組み立てるか[2)]を考えるのが構造計画であり、構造設計者の腕の見せ所になります。とは言っても、建築デザイナーが考える建築デザインの意図を理解しないと絵に描いた餅になってしまいますし、その逆もしかりです。ここでは、建築デザイナーにもイメージとしてつかんでおいてほしい「力の伝達」についてお話ししたいと思います。

最も一般的なラーメン架構を例にとって考えてみましょう。床(屋根)は、はりによって支持されており、床荷重によって生じるスラブのせん断力がはりに分布荷重として作用します。その分布荷重によって、はりに曲げモーメントとせん断力が生じます。そして、はりのせん断力が柱に軸力として作用すると同時に、はりの曲げモーメントを打ち消すような抵抗モーメントが生じます。柱に入った各階の軸力は累積されて、そのまま基礎（杭）へと伝達されます。そして、基礎の反力より地盤の抵抗力が大きければ、地盤が建物を支えることができるわけです。

次に、地震荷重について概説します。地震力は慣性力であり、次式で表すことができます。この式からわかるように、地震力は質量と加速度に比例します。

$$F = ma$$

ここで、m：質量　a：加速度

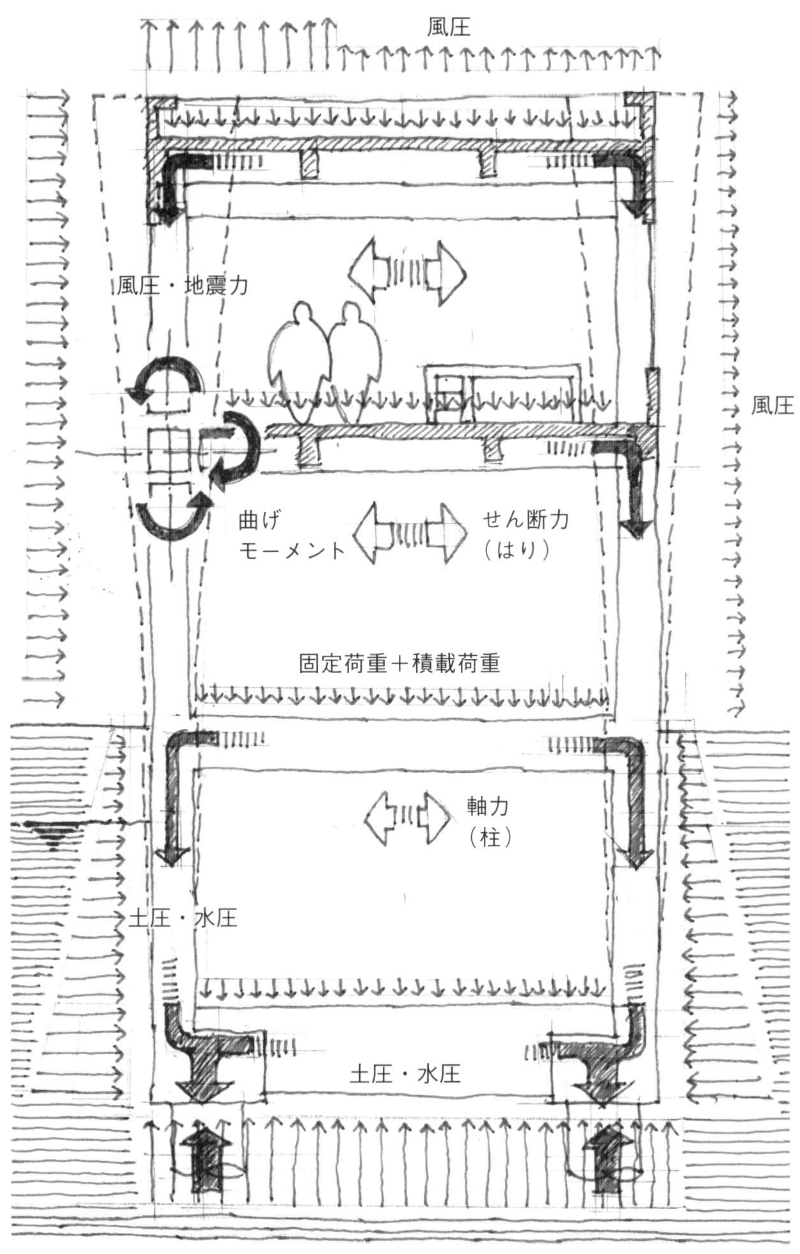

ラーメン架構の力の伝達経路（鉛直 / 水平荷重）

建物規模や構造種別（RC造、S造など）が決まると、質量の項は一義的に決まります。一方、加速度は建設地と想定する地震の大きさにより決まります。一般的には、中地震時に建物に作用する1階の水平加速度は$0.2g$（g：重力加速度）と規定されます。つまり、設計者が関与できるのは質量の項のみで、建物規模や建物種別が決まった時点で地震力の大きさがほぼ決定されるということです。単位床面積あたりの建物荷重は、RC造であれば12～15kN/m^2、S造なら6～10kN/m^2程度です。床や壁の仕上げ材の種類や床の積載荷重などによって変動しますが、RC造とS造とでは1.5～2倍近い差が生じます。

水平荷重（地震力）の大きさを水量に、水を下方に流す水道管を鉛直部材（柱、壁）に例えて考えるとイメージしやすいと思います。設計する建物が確定すると水の総量が決まります。そして、この水をどのように分散させて下方に流すか、その伝達経路をデザインすることが構造計画だということです。純ラーメン架構であれば、柱の本数が多いほど、一本あたりに流す水量は少なくて済みます。つまり、柱断面もそれだけ小さくできます。さらに柱断面を細くしたければ、流しきれない水量を処理するものが別に必要になります。それが耐力壁（ブレース）です。

多少柱サイズが大きくなっても柱の数を減らしたければ、その分スパンが大きくなり、はりせい（階高）も増します。さらに、上階が住宅で、下階が駐車場や店舗のようなピロティ階を有する場合、ピロティ階の柱は必ず大きくなるということも理解できると思います。このように、建築計画と構造計画が密接に関係しあうことがわかります。

制振構造や免震構造も次のようにとらえておくと良いと思います。つまり、制振構造については、制振部材を流れてきた水を集めて蒸発させる装置とみなし、免震構造については、水道の蛇口が二口（ふたくち）になって半分程度しか水が流れないと解釈すれば整理できます。何にせよ、すぐに理解できない難しいことほど、大きくとらえておくことは、厳密性以上に大事なことです。

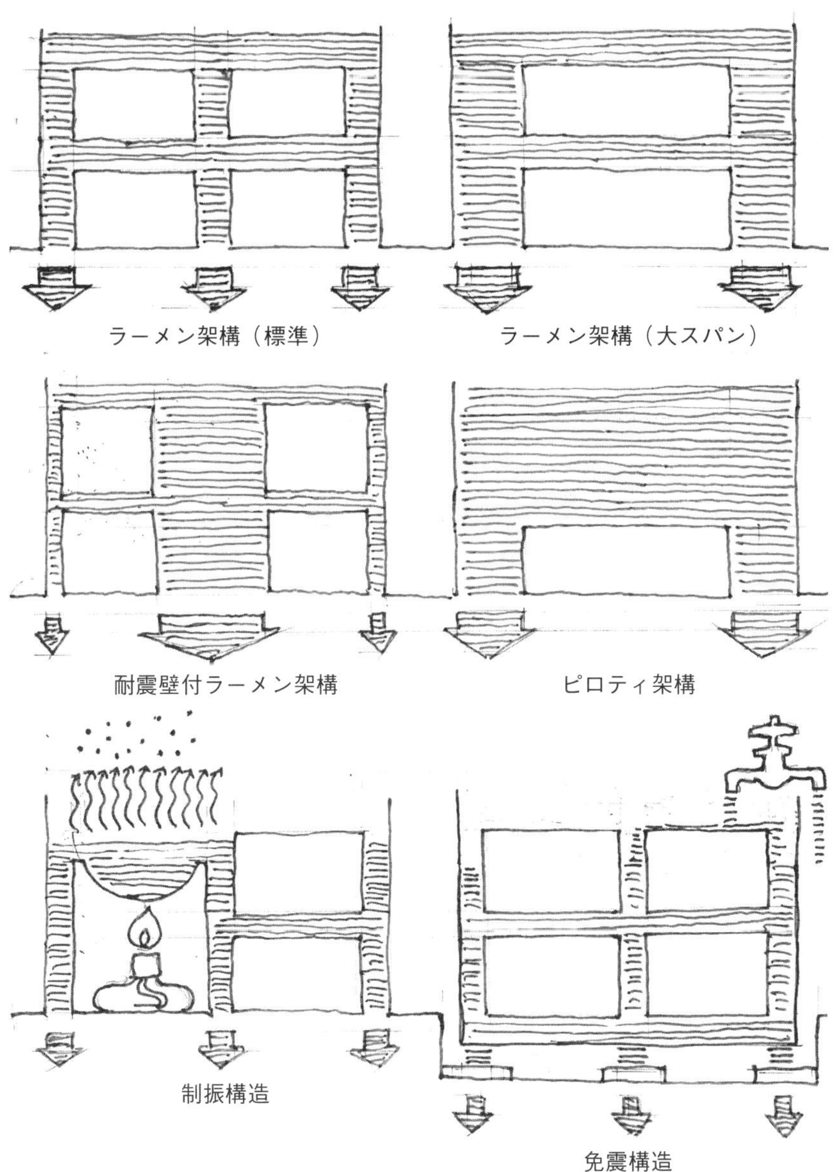

排水ルートと地震力の伝達経路の関係

4.　耐震設計をイメージする

建築物、とりわけ一般的な耐震構造では、柱、はり、壁などの部材が人々の生活する場所としての床を支える一方で、地震や暴風による揺れなどに抵抗する役目も担います。その抵抗の結果、構造躯体にひび割れが生じたり、一部の部材が破損したりします。外力に抵抗しきれなくなると、建物が倒壊、崩壊することもあります。

この防御反応のメカニズムは勝手に生成されるものではなく、構造設計者が設計を通して建築物に付与する性能です。地震で被害もなく済めば何の問題もありませんが、やっかいなのはこれまで経験したことのないような大きな地震がこの先起きないとは断言できないことです。では最悪の事態を避けるためにどうすれば良いのかという話をする前に、構造躯体の性質と経済性の関係について少し述べておこうと思います。

縦軸に水平力（地震力）、横軸に変形をとり、1層建物の荷重変形曲線を模式図で表すと次図のようになります。水平力が小さい間は両者の関係は比例関係にあり、水平力が大きくなれば変形も大きく、水平力が小さくなれば変形も減ってO－A上を行き来します。この領域を弾性域と呼びます。いわゆるバネのイメージです。直線OAの傾きがバネ、すなわち建物の固さ（剛性）を意味します。

さらに水平力が大きくなると、柱やはり部材にダメージが加わり、荷重と変形の関係は直線AB上を移動します。ただし、水平力が小さくなってもA－B上の任意の点CからふたたびA地点を経由して直線O－A上に戻ることはなく、点Dを目指します。それは、点Aの前後で性質が大きく異なってしまうからで、割れて伸びた餅をもとに戻そうとしても変形が元に戻らないことを想像すれば理解できると思います。直線ABの性質を塑性域と呼び、弾性域と区別します。塑性域は、A地点で焼いた餅が割れ、その後両手でつかんで引っ張るとわずかな力で伸び、やがてB地点でちぎれるイメージです。

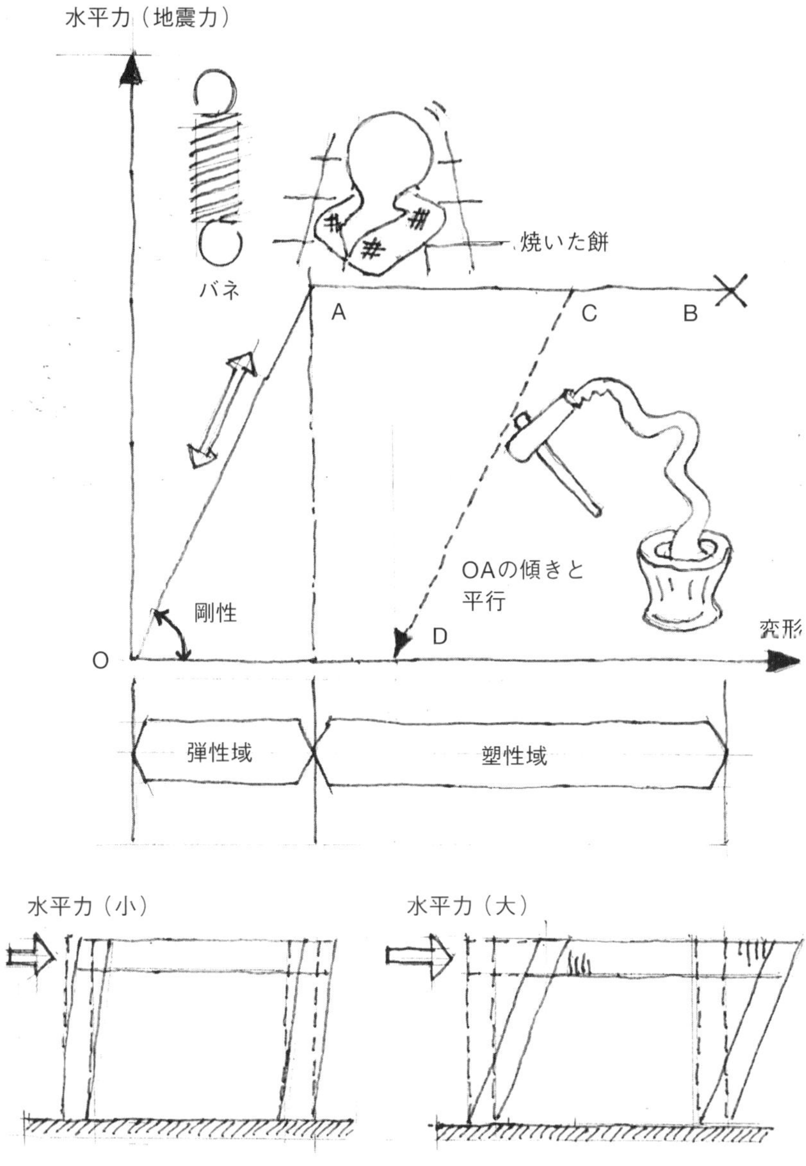

構造躯体（部材）の荷重と変形の関係（1）

この時、わざわざ柱やはりにダメージを負わせて焼いた餅の性質に変えてしまうのではなく、どこまでもバネの性質を保持させれば良いのではないかという考え方が当然出てきます。もちろん、大地震時でも弾性範囲内に構造躯体を抑えることは可能ですし、実際にそういう建物もあります。

次頁の図で、直線O－Dは弾性領域にとどめた建物、直線O－A－Bは塑性域に入ることを許容した建物の性質を示していますが、△ODEと□OABCの面積はそれぞれ、地震エネルギーの吸収量を表します。これらの面積が等しい時、耐震性能は等しいことを意味します。その時、両者の図形の形状をよく比較してください。囲まれた面積、すなわち地震のエネルギー吸収量をどちらが多く確保しやすいでしょうか。

そうですね、面積確保の効率を考えると、□OABCの方が面積をかせぎやすいことがわかると思います。つまり、構造躯体のダメージを許容した方が施工のイニシャルコストだけを考えると有利なのです。どこまでも弾性範囲に抑えようとすると、部材断面が相当大きくなったり、壁だらけの建物になり、使えないものになりかねません。塑性域に入ることを許容すること、これが従来の耐震構造の基本的な考え方です。ただ、壊し方を間違えると次頁の写真に示すような地震被害が生じ建物の崩壊に直結します。つまり、鉛直荷重支持能力のある柱を壊さないことが耐震設計の鉄則です。

しかし、建築物を社会的資産と考えた場合、これで十分だと言えるのでしょうか。塑性変形を許容することは、躯体の損傷を許容するということを意味します。損傷の程度がひどいと多額の補修費を要しますし、残留変形の程度によっては、建物の継続使用ができず、取り壊しとなる場合もあります。建築物は確かに個人や法人の資産には違いないのですが、一方でそれらが集まって一つの都市を形成しています。もし、それらが軒並み取り壊しになると都市として機能しなくなります。これからは建築と都市の関係性についても考えていく必要があるように思います。

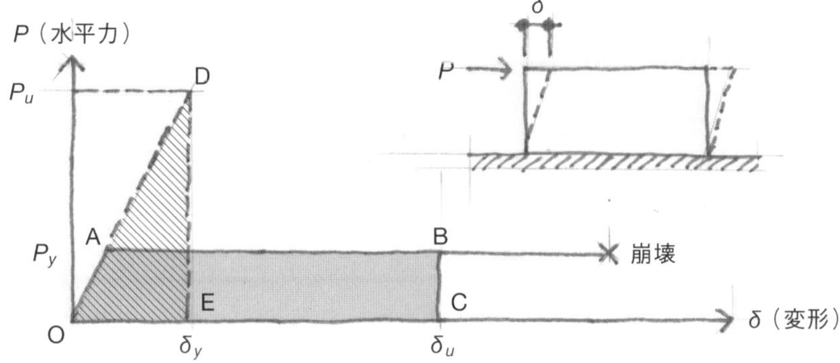

構造躯体（部材）の荷重と変形の関係（2）

建物被害事例

※出典：阪神・淡路大震災「1.17の記録」ホームページ（http://kobe117shinsai.jp/）

5. 建築物に必要な鈍感さ

藤井聡太四段（当時）がプロ入りして１年経った時、師匠の杉本昌隆七段（当時）がインタビューで彼のことを「良い意味で鈍感」と評したことがありました。中学生棋士としてまわりから注目され続けても、浮かれることなくマイペースを貫き通したことが目覚ましい活躍につながったという意味だと思います。

実は、建築物にも良い意味での鈍感さが必要なのです。外乱（地震や台風など）が生じるたびに、内乱（構造体の致命的な損傷）が生じては、安心して住んだり利用したりすることができません。その影響が建物の居住者、利用者への危害や構造体の損傷、収容物の被害に直結するからです。そのため、想定外の大きさの外乱や突発的に生じた外乱に対して、建築物がつねに安定状態を保つよう、構造システムを制御することが必要です。

こうした建築物にある種の「鈍感さ」を付加する思想は「リダンダンシー（冗長性）」とか「ロバスト性（頑強性）」といった言葉で語られることが多く、自然災害に対する備えを実現するためのキーワードです。リダンダンシーとは「余剰」に置き換えることができ、良い意味での「ムダ」と言えます。一方、ロバスト性とは、外乱の影響を受けにくい強さを意味します。地震波は、さまざまな周期の波形が重なって一つの波形を形成していますが、パワーをもつ周期帯は地震波によって異なるため、こうした周期特性に鈍感な構造システムを構築しておくことが重要です。

具体的には、不静定次数を上げる、耐力の余裕度を増す、減衰性能を高める、あるいは免震や制振などの技術をうまく取り入れることが考えられます。建築や設備においても同様です。たとえば、公共施設では別の用途（避難所、トリアージスペースなど）に転用してもすぐに機能するしつらえが必要であるし、ライフラインの途絶防止にしても決して構造設計者だけの問題ではないはずです。

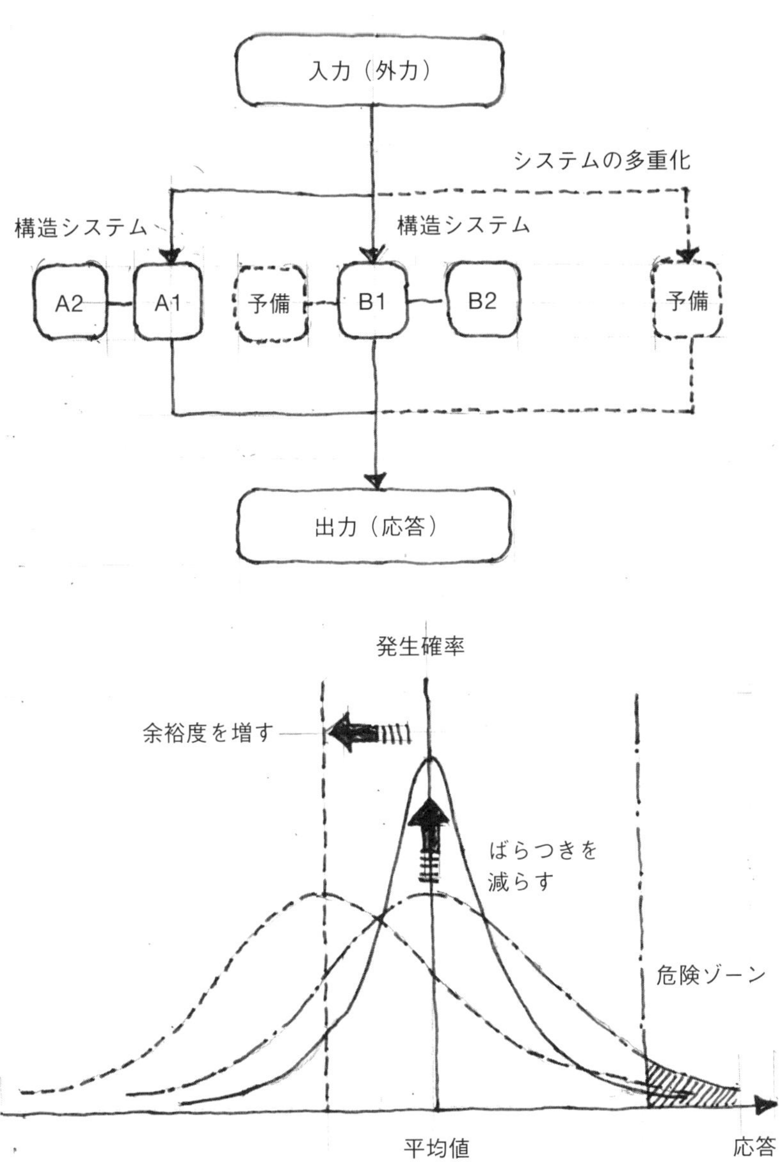

建築物に見るリダンダンシーとロバスト性

COLUMN

地震より厄介なもの

兵庫県南部地震を経験したのは、入社して10年目だった。自宅で寝ていたが大きな揺れで慌てて起き、子どものところに箪笥が倒れてこないよう押さえつけていたのを覚えている。震度4の揺れでたいしたことがなかったが、1時間ほどしてテレビをつけると、神戸が大変なことになっていた。一体何が起きたのかと思いながら家を出たが、いつもの2倍以上時間をかけて大阪市内まで電車でたどり着けたものの、地下鉄が動いておらず、さらに1時間かけて徒歩で会社に向かったことを思い出す。

その3日後、自社設計建物の調査のため船で三宮入りした時に目に飛び込んできた市街地の光景は今でも忘れない。自然の破壊力の凄さにただ圧倒されるばかりだった。この衝撃は雑誌等の写真なんかで決して得られるものではない。そして、構造設計で途轍もないものを相手にしていると自覚した。設計に対する意識や姿勢が変わったのもこの時である。

自分自身、これまで震度7地域に建つ建物をたまたま2棟設計した。幸いにも躯体にひび割れが入った程度で、どちらも継続使用された。そして、うち1棟は近隣住民の避難所として即日開放された。その話を聞いた時、設計をやっていてつくづく良かったと喜んだのを覚えている。

ところが、避難所にまでなった建物が、数年後に諸事情で売却されて他人の手に渡った挙句、取り壊されてしまった。設備の老朽化や耐震性能の不足によるものならわかるが、震度7の揺れにも耐えた新耐震建物である。事情はどうあれ、財産権の自由云々を言う以前に建築物が社会的資産だという認識が欠けているような気がする。そもそも日本で建物が朽ち果てるまで使われたという話も聞いたことがない。

地震ではなく人間の手によって倒壊させられたというのは、何とも皮肉な話である。告示や設計規準ではどうにも太刀打ちできない。人間は地震より厄介である。

第2章

建築デザインの幅を広げる構造技術と発想

1.　躯体のローコスト化を図る

クライアントのお金で自分がやりたいデザインをさせてもらって建築物を建てることができることは、建築設計者にはありがたいことです。かといって、どんなに予算にゆとりがある建築物であっても1円たりとも無駄遣いしてはいけないということは、自分がクライアントの立場に立って考えれば当然のことです。建築設計では、ローコストが一番大きな命題になることも珍しくありません。

建設費が税金で賄われる公共建築物では、メンテナンスフリーで長寿命な建築が求められて当然ですが、民間建築物だとその用途によっては「建物なんて10年もてばいいから」とクライアントからはっきり言われることもあります。そこまで極端でなくとも、全体の建築工事費に対して躯体費の占める割合が比較的高い商業施設や工場のような建築物では、いかに躯体費をローコストに抑えるかが設計の重要なポイントになります。ここでは、躯体のローコスト化を実現する手法についていくつか述べてみたいと思います。

① 繰り返す

ローコスト化を図る基本は「いかにシンプルなものをシンプルにつくるか」ということに尽きます。基本計画では中途半端なことをしてはいけません。まずは割り切って、形態、スパン割、部材など徹底的に単純化させることです。その具体的な例が「繰り返し」を多用することでしょう。そうすれば施工ミスがなくなるといったメリットも生まれます。

たとえば次図に示すように、床面積は同じでも平面が不整形だとスパンもまちまちになり、柱（基礎）の数が増える、剛性の低いフレームが増える、外装面積が増える、といった原因になりますが、平面を整形にするだけでそれらが一気に解消されます。打合せを重ねる中で、決めたルールからはずれることがどうしても生じますが、ルールを守り切る意思の強さと例外を最小限にとどめるリカバリー力が必要です。

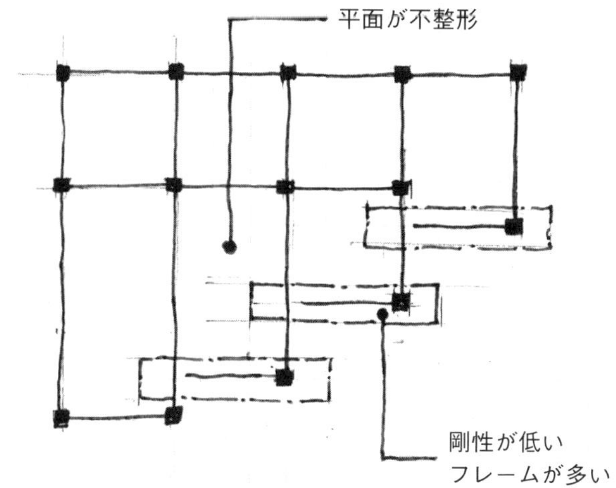

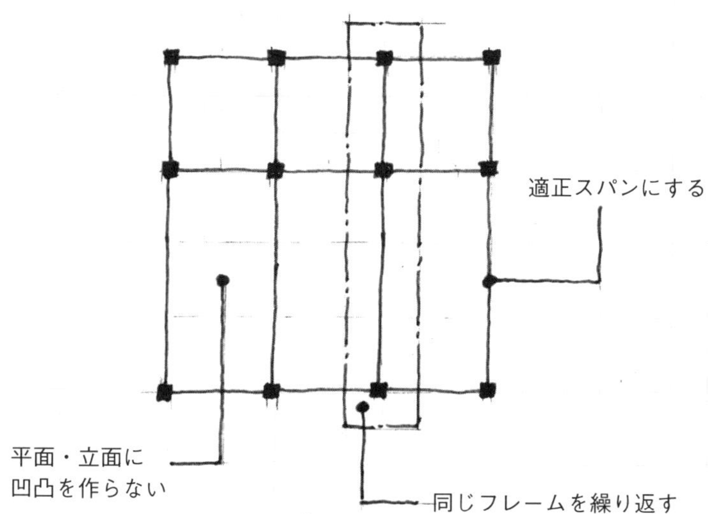

シンプルなものをシンプルにつくる

② あるものをなくす

実施設計を終えて積算したら予算をオーバーした時、意匠、構造、設備の各部門で減額するところを探さないといけません。実際に経験したことがある方ならわかると思いますが、いくら部材サイズを小さくしたり、鉄筋本数を減らしても、たいした躯体費の減額にはなりません。最も効いてくるのは「あるものをなくす」ということです。

たとえば、特記仕様書でコンクリートの収縮低減剤を採用するつもりだったとすれば、それを「取りやめる」だけで目立った減額になります。ただし、取りやめた分だけ性能が下がるので、その点は別の判断を要します。また、柱や基礎ばり、小ばりを間引くことも減額には有効です。とくに、柱本数を減らすと杭や基礎フーチングの削減にもつながります。杭基礎の場合は、杭の材料費と施工費が計上されますが、施工費は杭径に関わらず杭を打設すれば発生するものなので、とくに杭長が長い場合は杭本数を減らすことを念頭におくことが重要です。杭径を大きくして1柱1杭にすれば、基礎フーチングのサイズも小さくて済み、有利になります。

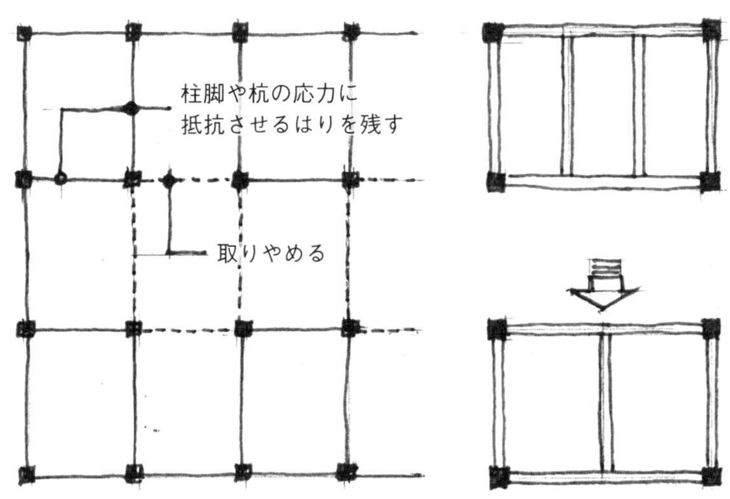

基礎ばり、小ばりを間引く

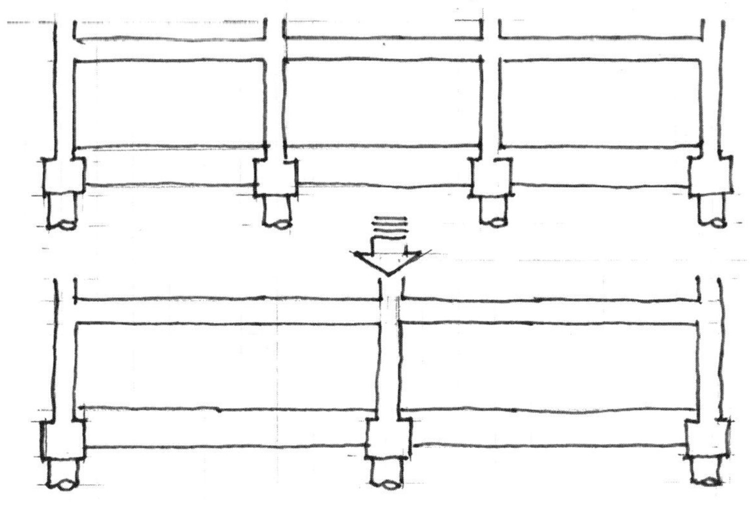

柱を間引く

柱を減らすと必然的にスパンが大きくなります。等分布荷重ωが作用する単純ばりの曲げモーメントとスパンに対するたわみの比は、次式で与えられます。このように、はりの曲げモーメントはスパンの2乗、スパンに対するたわみの比はスパンの3乗で効いてくるので、スパンが2倍になれば、それぞれの値は4倍、8倍になります。

曲げモーメント

$$M=\frac{1}{8}\omega l^2 \qquad \propto l^2$$

スパンに対するたわみの比

$$\frac{\delta}{l}=\frac{5}{384EI}\omega l^4\times\frac{1}{l}=\frac{5}{384EI}\omega l^3 \qquad \propto l^3$$

つまり、同じ断面性能のはりにするには、断面係数Zが4倍、断面二次モーメントIが8倍の部材が必要になり、それを受ける柱もはりに応じた断面を必要とします。たとえば、

H－250×125×6×9

（Z＝317cm^3、I＝3960cm^4、質量29kg/m）

H－400×200×8×13

（Z＝1170cm^3、I＝23500cm^4、質量65.4kg/m）

のはり断面は、それぞれ

H－450×200×9×14

（Z＝1460cm^3、I＝32900cm^4、質量74.9kg/m）

H－700×300×13×24

（Z＝5640cm^3、I＝197000cm^4、質量182kg/m）

とサイズアップします。はりせいが増えた分だけ建物高さが高くなり、単純に外壁面積もそれに比例して増えるので、柱本数を減らせば安くなるとは一概に言えませんが、だからこそこうした概算コストの押さえを基本検討の時に行っておく必要があります。

この詳細検討は構造設計者に任せるとしても、建築デザイナーであっても基本的な構造力学を知っていれば（知っているはず！）、はりせいがどれほど大きくなるかぐらいは簡単に部材性能表から把握することができます。実際に、自ら応力を求めて部材断面のあたりをつけ、構造設計者とわたり合う建築デザイナーがおられますし、お互いの領域にわずかでも足を踏み入れて打合せできるのが理想ですね。

③ 既製品を使う

建築材料を市場性の観点で大きく分類すると、既製品と特注品に分けることができます。コストのことを考えるなら、一般市場に出回っている既製品を使う方が当然安いわけです。特注品を使うと、工期に影響する納期のことも気にしないといけません。とにかく、安い材料で早くつくること

を常に念頭において計画することが大事です。

それは構造計画にも関係します。市場性を考えると、小規模なS造であれば市中品のロールH形鋼を使う前提で考えますし、木造住宅なら105mm角や120mm角の柱を使ったり、はりは柱と同幅で105～450mmのせいをもつ部材を使うなど、いわゆる標準部材と呼ばれる材を使うことを念頭に構造計画を立てる必要があります。

とくに木造建築物に関しては、尺貫法時代のなごりが今も根強く残っていて、一尺303mmが標準最小単位として採用されています。たとえば、畳一帖の広さは3尺（909mm）×6尺（1818mm）が一般的ですし、仕上げ材なども原則、このモデュールに従って製品化されているので、これを無視するとたちまち特注品だらけになります。木造建築でなくても、壁下地の胴縁や屋根の母屋ピッチが606mmまたは455mmになっていることが多く、この寸法体系を無視できません。

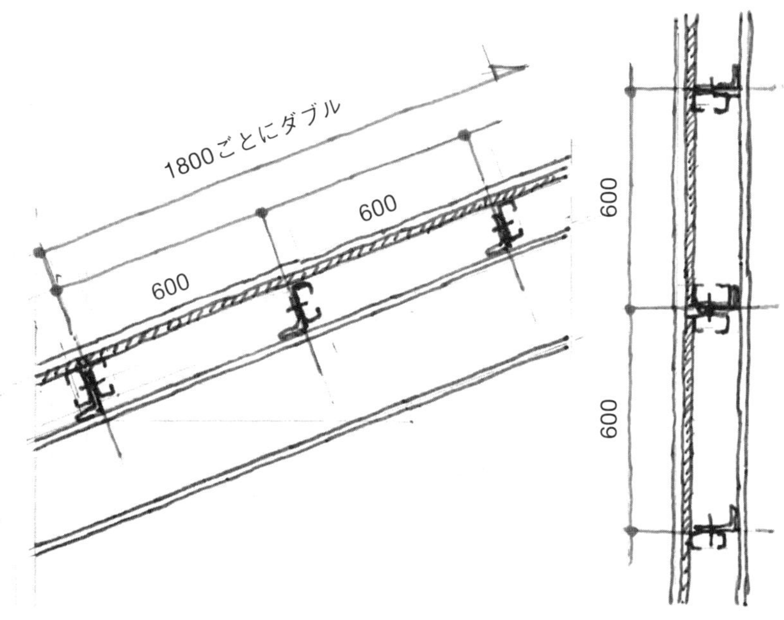

尺貫法時代のなごり

④ 金物を減らす

接合金物を極力減らすこともコスト削減につながります。たとえば、屋根にシステムトラスを採用する場合、できるだけボールジョイントの数を減らすために、多少パイプ材の径が大きくなっても材長をできるだけ長くするようなトラス割を考えます。ローコスト建築でシステムトラスを採用することはまずありませんが、鉄骨工事のコスト削減に対して一般的に有効です。タイロッド（テンションロッド）を用いた構造システムでも、クレビスとかピンジョイント、ソケットジョイントなどと呼ばれる接合金物を使いますが、同じことが言えます。

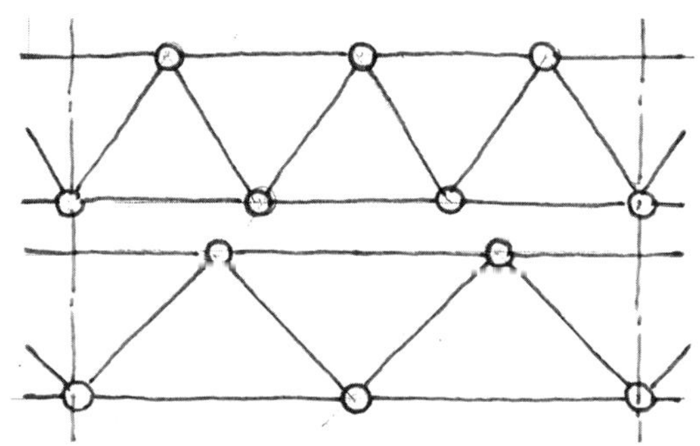

接合金物を減らす

⑤ 下地鉄骨をなくす

②の「あるものをなくす」と同じ趣旨ですが、ローコスト建築でよく採用されるS造建物の外装材では、ALC版のように各階の鉄骨ばり間で固定するような材料を選ぶと、間柱や胴縁の鉄骨部材（見付け面積あたり10kg/m^2前後）が不要となり、コストを抑えることができます。同じALC版を使っても、横張りにすると版厚とスパンの関係によっては間柱や耐風ばりが必要になります。なお、階高が高い場合は、縦張りにしても中間部に耐風ばりを通してALC版を受ける必要があり、張り方による違いはなくなります。

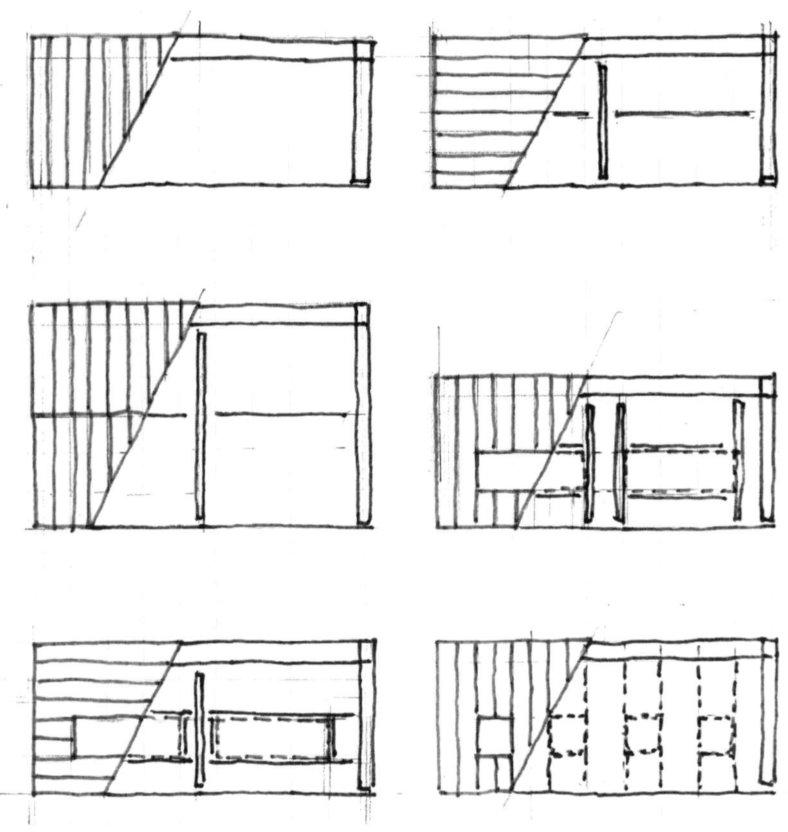

下地鉄骨が必要になる例

S造の場合はRC造とは異なり、切ったり繋いだりの工作の世界です。開口部ひとつとってみても補強部材が必要で、それをまた受ける部材が必要になったりして結構細かい鉄骨が出てきます。こうした二次鉄骨も外装面積が大きいと結構な量（額）になるので、計画当初からルールを決めて外装材の割付と開口部の位置を整理するのが良いと思います。

⑥ 軸力系の構造にする

これは構造力学の話になりますが、弾性範囲において長方形の部材に作用する応力度分布を思い出してください。軸力が作用すると全断面一様の応力度分布になり、曲げモーメントが作用すると外側で最大、図心位置でゼロとなるような応力度分布になることを習った記憶があると思います。

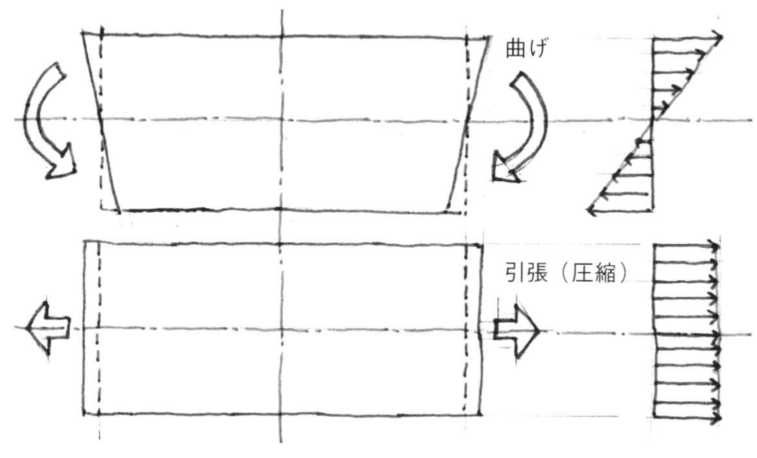

長方形断面の応力度分布

部材の断面効率を考えると、軸力を作用させた方が曲げモーメントを作用させるより効率が良いことがわかります。曲げモーメントに対して、断面の中央部はほとんど抵抗していないわけで、そうすると曲げ系システムのラーメン構造より、軸力系のブレース構造の方がローコスト建築に向いていると言えます。たとえば工場建築では、ブレースが桁方向の外壁面に設けられていることが多く、地震力などの水平荷重すべてをブレースで抵抗させるため、柱に曲げモーメントが作用しません。そうすると、柱は両方向とも曲げモーメントに抵抗できる角形鋼管を用いる必要がなくなります。工場でH形鋼の柱が多く使われているのはこういう理由からです。

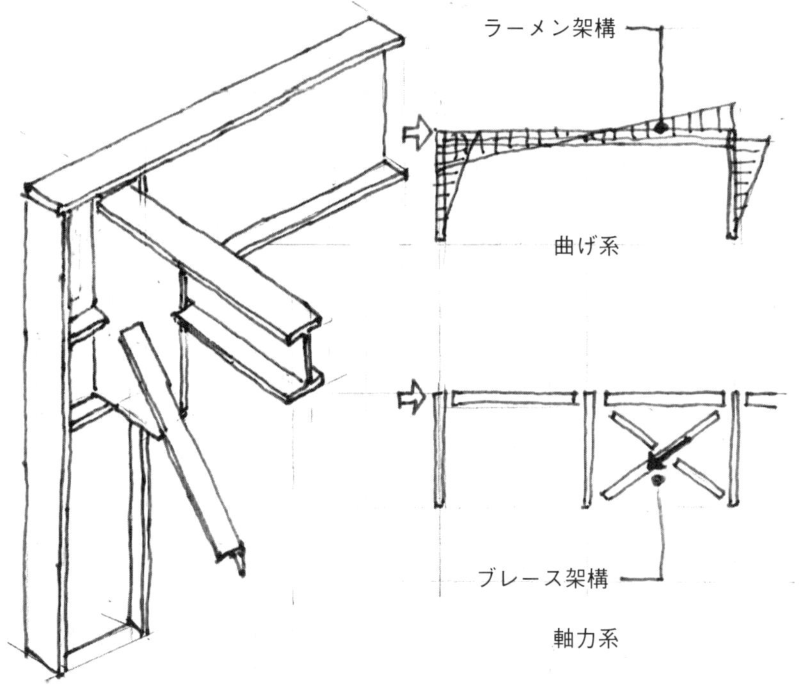

工場建築に適したブレース架構

RC造でも同じことが言え、ブレースに相当する耐震壁を多用するとローコスト化につながります。建物全体がねじれないように耐震壁をバランス良く配置しさえすれば、ラーメン部分の柱やはりに作用する曲げモーメントが小さくなり、部材の鉄筋量を減らすことができます。その典型的な例が水平荷重をすべて耐震壁に負担させる壁式構造です。床版と壁だけで躯体を構築する結果、ラーメン構造に見られる柱型やはり型もなくすっきりした形となり、型枠費用も抑えることができます。建物用途によっては壁を設けにくいことがありますが、構造形式などの選択肢の数は多いほど良いので、いつでも引き出しからこうしたメニューを取り出せる状態にしておくと良いと思います。

⑦ 地下外周部を浅く、凹凸を出さない

地下階を有する建物では、山留にかかるコストをいかに下げるかがポイントになります。地下階では外周部の躯体の凹凸をなくすことが原則です。たとえば、基礎フーチングが地下外壁からはみ出している場合、山留は基礎フーチングを避けた位置に設ける必要が生じます。そうすると、それだけ地下の掘削量や場外搬出土の量が増えます。さらに、地下外壁との間にクリアランスが生じるため、新たに外型枠が必要になります。それより、杭を偏心させてでも基礎フーチングの外面を地下外壁面に揃え、その際に山留を設けた方がコスト面だけでなく施工性も向上します。これは、基礎フーチングに限った話ではなく、柱やはりにも同じことが言えます。つまり、地下外周部を面一（つらいち）にすることが基本です。

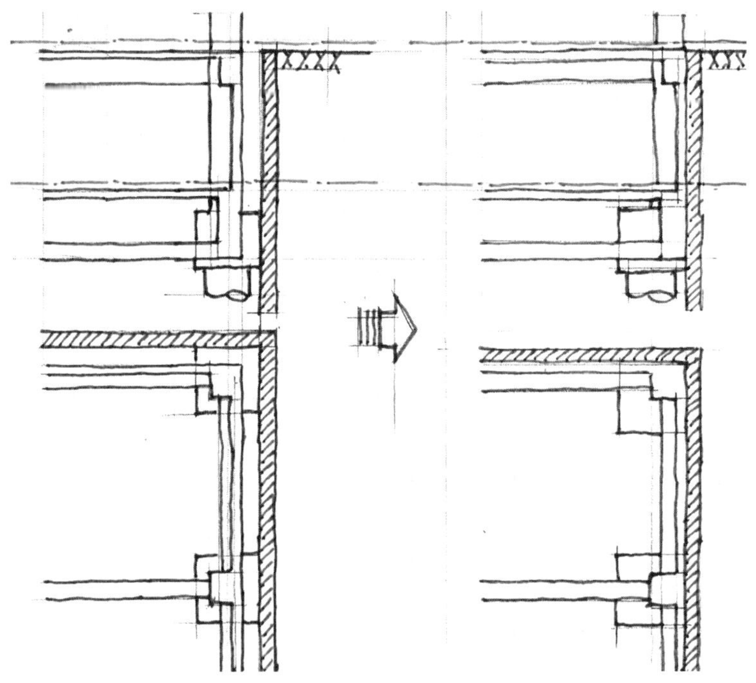

外周部に凹凸を出さない

また建築計画上、部分地下階を設けて深く掘り下げる場合は、外周部を避けて中央部に配置した方がコスト面で有利になります。ただし、建築計画に大きく影響するので、設計初期の時点でその可能性についてスタディしておく必要があります。

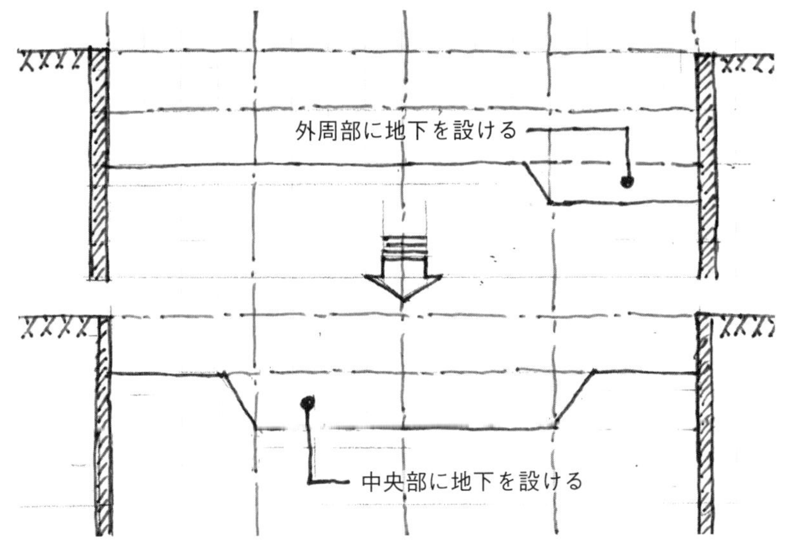

地下外周部を浅く

以上、ローコスト建築のための手法をいくつか紹介してきました。一度は石貼りの豪華な建築物の設計をやってみたいという気持ちも理解できますが、予算があれば誰だってできることです。それより、ローコスト建築を極めることのほうが、本当はおもしろいテーマであると思います。ローコストという言葉の響きから先入観で設計のモチベーションを下げるのではなく、どこまでローコスト化が図れるか徹底してやってみようと、チャレンジしてみませんか。

2. 異種材料を組み合わせる

複数の材料を組み合わせて躯体を構築することは珍しくなく、使用箇所も平面的にも立面的にもまちまちです。これらは、材料自体の重量や応力の大きさ、仕上げ材との関係、将来改修の可能性、あるいはコスト・工期の短縮など、計画上のさまざまな与条件でほぼ決まります。

適材適所ということになりますが、ここでは代表的な組合せを模式図化し、どういう材料を組み合わせるのが合理的かを整理します。

① RC造＋SRC造

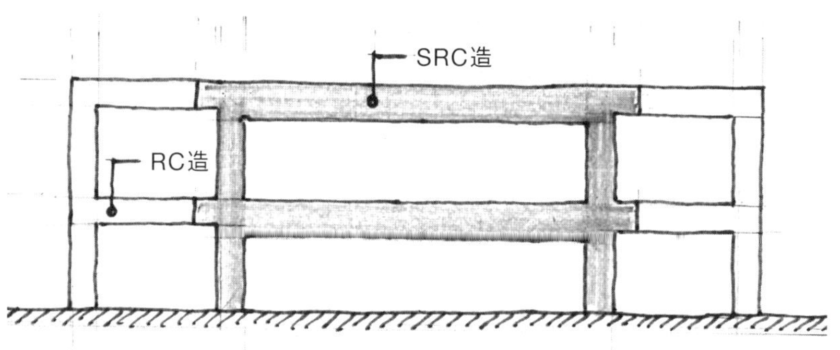

たとえば、基本スパンを7.2mとして計画する場合を考えてみましょう。柱の一部を抜いて2倍の14.4mスパンとする場合、はりをRC造とするとそのはりせいで階高が決まり、大きくなります。そのため、RC造よりもSRC造として計画するのが合理的です。この場合、隣接するはり端部までSRC造とすると応力伝達がスムーズになり、柱はり接合部を簡素化できます。SRC造の範囲を応力の大きな範囲にとどめることがポイントで、それにより工期、コストを抑えることができます。

これよりもスパンが大きくなると、SRCばりの断面（自重）が大きくなるばかりで、決して得策ではありません。振動障害回避のために24mスパンをSRCばりで設計したこともありますが、特別な事情がなければ、15mを超えるようなスパンならS造で計画すると良いでしょう。

② RC造＋PC造

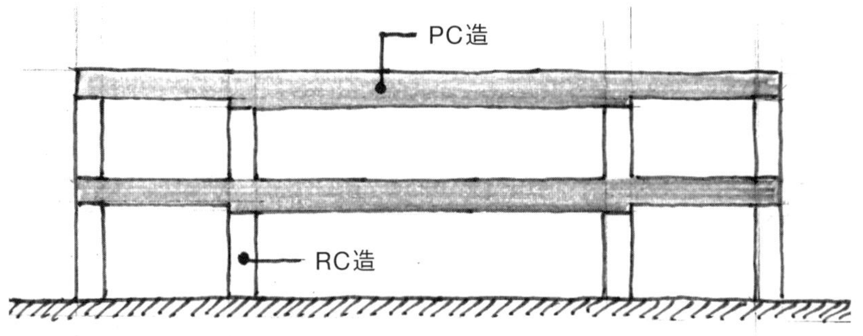

基本的には①と同じですが、鉄骨の代わりにPC鋼線を用いるので、緊張工事が発生するものの、RC工事のみで鉄骨工事がなくなる施工上のメリットがあります。ただ、PCばりははり貫通孔の径が100ϕ程度に制約されたり、PC鋼線と干渉しない位置に貫通孔を設ける必要があるので、計画初期の段階で設備との調整（配管、ダクト類の交通整理）は欠かせません。

③ 下部SRC造＋上部RC造（S造）

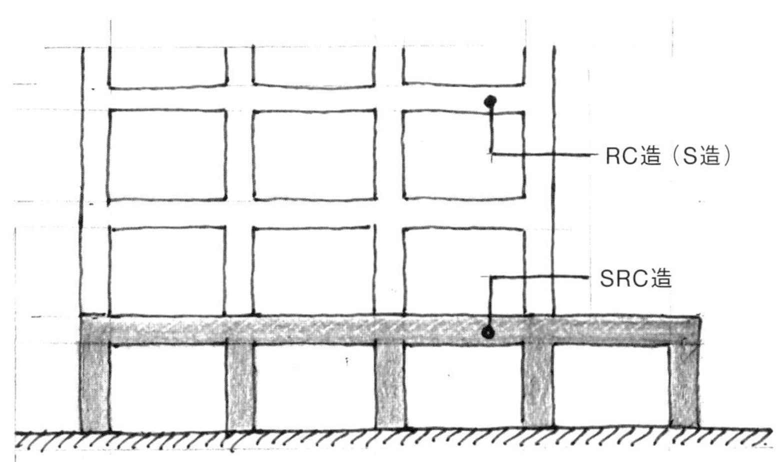

基本的には、中高層建物で応力が相対的に小さくなる上層階の鉄骨を抜いてRC造にします。この場合、外観上は何の変化もありません。また、主体構造がS造で、用途が商業施設とオフィスまたはホテルのように、低層階と高層階で異なる場合、応力の大きい低層階（基壇部）をSRC造とし、ファサードの表情を変えることができます。

④ 外周部SRC造＋内部S造

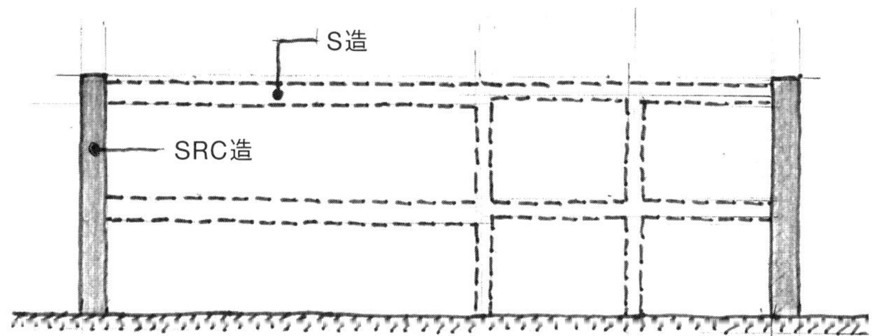

比較的スパンの大きな架構を有する用途の場合はS造で計画することが多いですが、RC系のファサードにしたい場合に、建物外周部のみSRC造にすると意匠、構造の整合性を取ることができます。

⑤ メイン架構RC造（SRC造）＋サブ架構S造

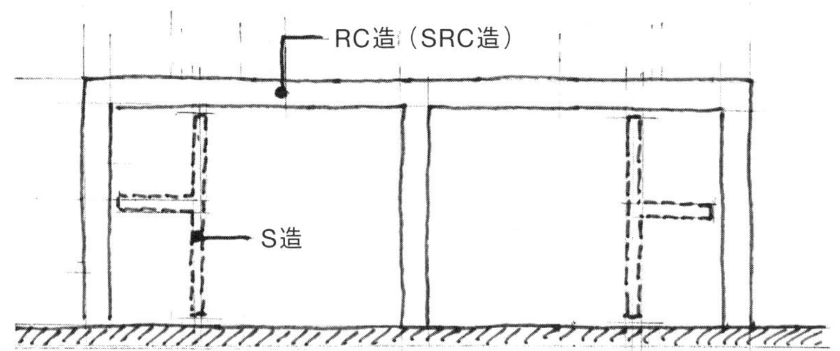

卸売市場などのように比較的階高が高く、中2階のように一つの階を2層使いにするような場合、サブ架構としてS造フレームを挿入し、これらの地震力をメイン架構に負担させる手法です。将来、改修やレイアウト変更でサブ架構を撤去・移設することが予想される場合は、このような対応をしておくのが得策です。

⑥ 下部RC造（SRC造、PC造）＋屋根S造

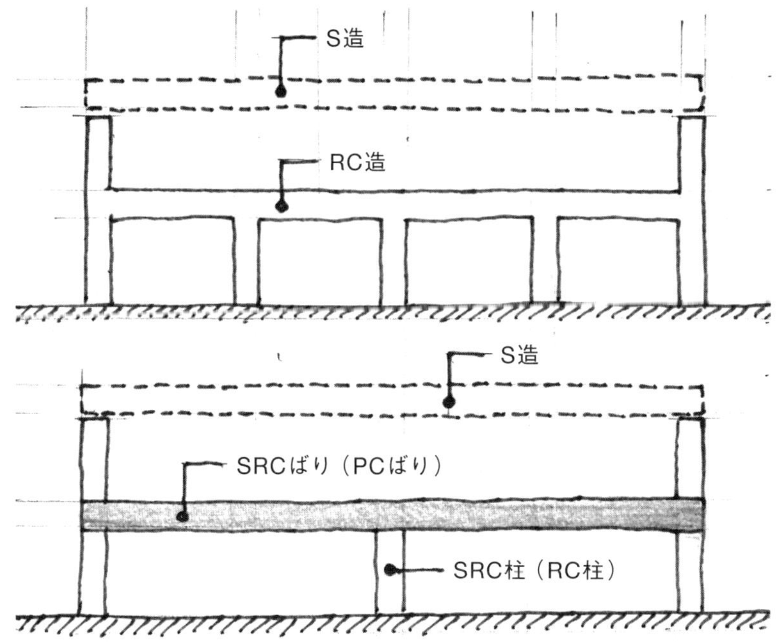

この種の組合せは、体育館やアリーナに多く見られます。また、下階に武道場などを配置して体育館を積層する場合は、下階も大スパンになるので、床振動に配慮して下階全体をSRC造にしたり、あるいは原則RC造としてスパンの大きなはりのみをPCばりにしたりする方法があります。

⑦ RC造＋木造

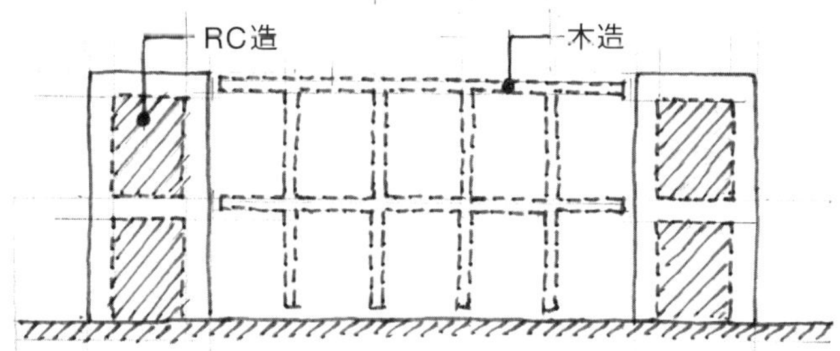

木造を採用する場合、地震力を木造部分に負担させるとどうしても部材断面が大きくなり、木材が本来もつ繊細さが失われます。それは、計画スパンの大きさや樹種、あるいは一般製材を使うのか集成材を使うのかによっても変わるのですが、部材断面をできるだけ小さくするには、剛性の高いRC造部分に地震力をすべて負担させ、木造部分は鉛直荷重を支えるだけにして、それぞれの役割分担を明確にするのが合理的です。

この場合、地震時に確実に面内せん断力をRC部分に伝達できるだけの床面剛性が必要になります。床にコンクリートを打設することもありますが、木造の床組みで計画する場合、天井を含めた遮音対策は必須です。また、はり材に軸力が作用するのでそれを考慮した断面検討、さらにはRC造部分との接合部耐力の確保も必要になります。

⑧ 下部RC造＋上部S造（木造）

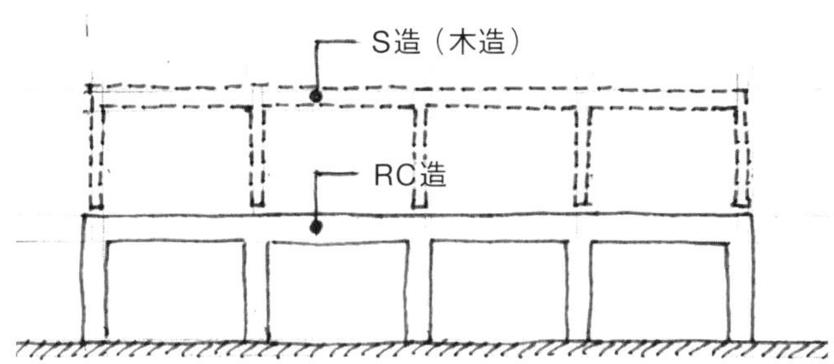

1階が車庫で、2階以上が居室といった住宅などによく見られる組合せです。また、工場・倉庫などのように、積載荷重が大きい一般階をRC造とし、折版屋根のある最上階のみS造とすることもあります。あるいは別の方法として、最上階の柱を独立RC柱として設計し、その上にS造屋根架構を載せる方法もあります。

⑨ 柱RC造＋はりS造

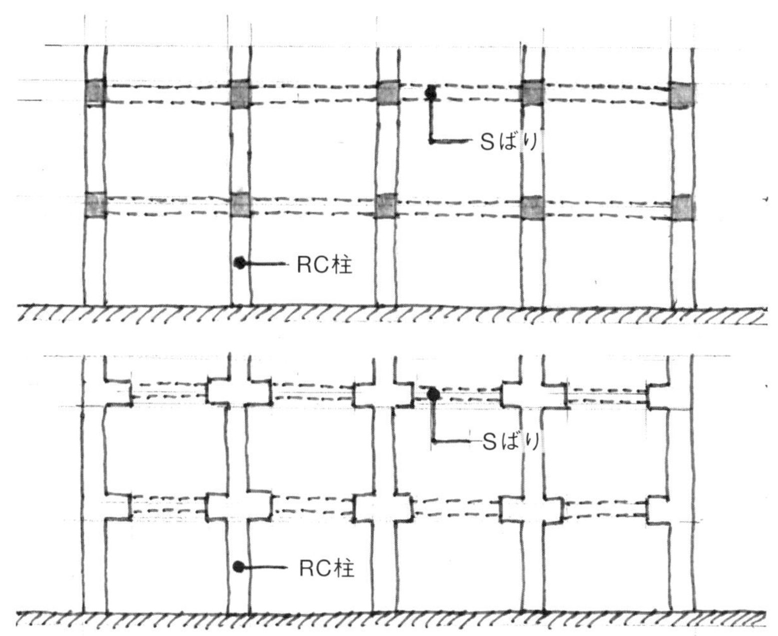

これはゼネコン各社が保有している施工技術で、柱をRC造、仕口部を含むはりをS造とする工法です。スパンを飛ばすことができ、柱に大きな軸力を負担させることができます。パネルゾーンの納まりに各社の独自性が見られます。しかし、揚重機用の建方スペースが必要で、パネルゾーンの施工が多工種になり複雑になりがちです。また、積層式の施工手順になるので、工期はRC造在来工法と同程度要します。

3. 静定構造ですっきり見せる

静定、不静定という概念は、建築を学んだ人なら構造力学の講義で習ったと思います。静定構造は、つりあい式と支点反力の数が同じ構造を意味し、力のつりあい式から応力を求めることができるものです。建築物の多くはラーメン架構で、高次不静定構造物です。不静定次数が高いということはそれだけ壊れる（壊せる）場所があるということです。乱暴な言い方をすれば、1か所ぐらい壊れても全体崩壊しない、つまり壊れにくさを表す指標とも言えます。

静定構造物には、高速道路の桁を受ける橋脚や屋上設備機器の目隠しルーバーを受ける独立柱、駐輪場の上屋鉄骨のほか、バルコニーや庇などがあります。

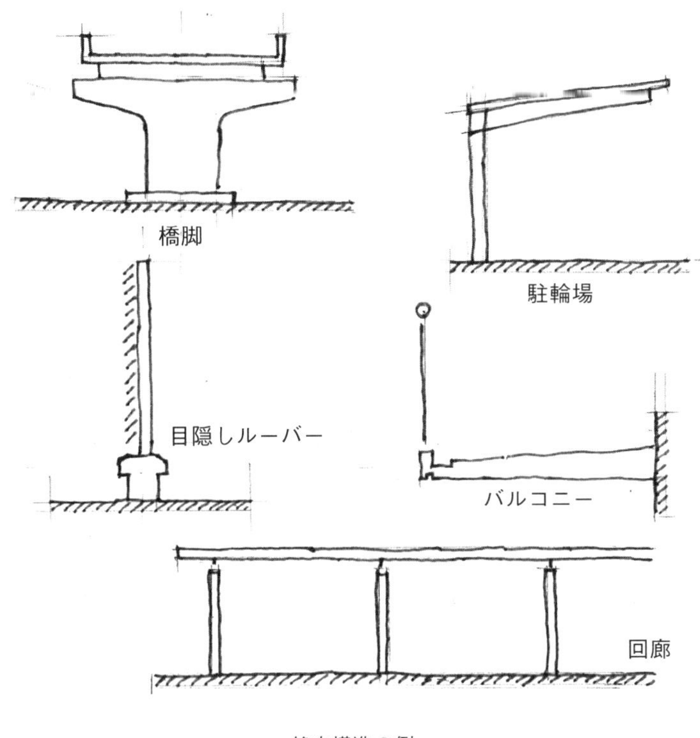

静定構造の例

これら静定構造物について、たとえば橋脚の根元が壊れたらそれは崩壊を意味します。だからと言って静定構造が悪いとか耐震性能が低いということでなく、そういう性質を知った上で設計することが重要だということをここで強調しておきます。

高速道路の倒壊（阪神淡路大震災）

※出典：阪神・淡路大震災「1.17の記録」ホームページ（http://kobe117shinsai.jp/）

建築物を設計するにあたって、何でもかんでもラーメン架構にとらわれてしまうことは、自らデザインの幅を狭めてしまうことになります。とくに構造設計者が陥りがちなのは、計算モデルが先にあってそれに合わせるような構造計画を立ててしまうことです。もちろんある程度モデル化を意識しながら計画はするのですが、道具に合わせてしまってはいけないということです。

たとえば、軽量で小規模な建築などは必ずしもラーメン架構にする必要はなく、独立柱を4本立ててその上に屋根をポンと載せる設計もできます。

次の図は、ある施設内に建てた、いわゆる「ハウス・イン・ハウス」形式のハウジングです。屋根も壁面も全面ガラス張りで、柱もはりもすべて鋼管にしたいと建築デザイナーから要望がありましたが、サイズの小さな鉄骨同士をボルト接合していたのではどうしても見た目がたいそうで重たくなります。それで、径の小さなパイプを介して、あらかじめ工場で組んだ屋根ばりを独立柱の上に載せるだけにしました。

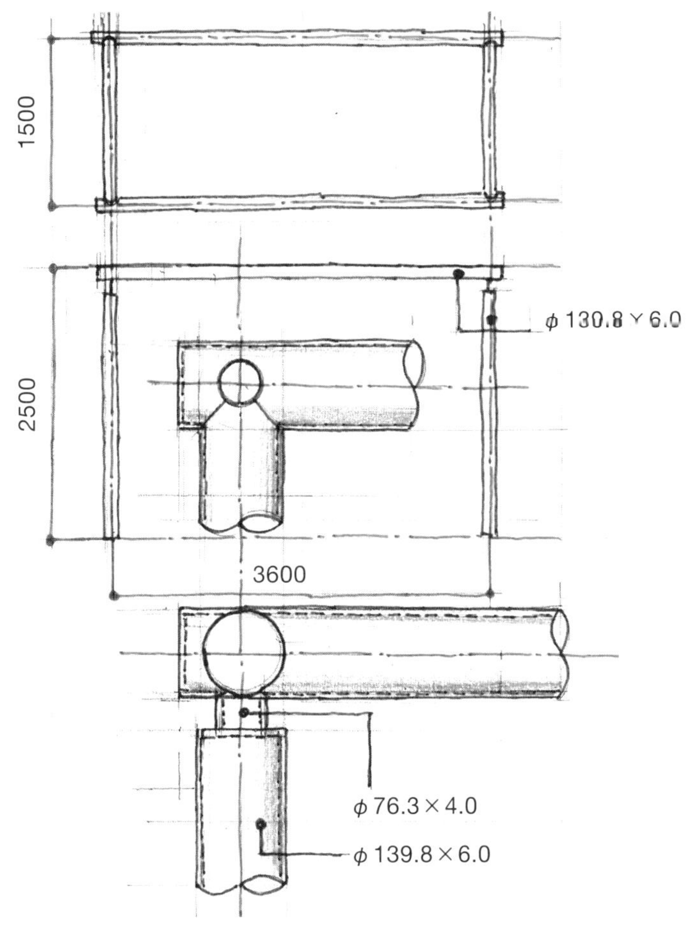

独立柱を使ったシンプル架構の例

また、壁柱一つでも建物全体あるいはその一部の耐震性を確保することができます。屋根や床を支持させる架構と一体化し、地震や風による水平荷重を壁柱まで伝達させる工夫が必要ですが、難しい話ではありません。

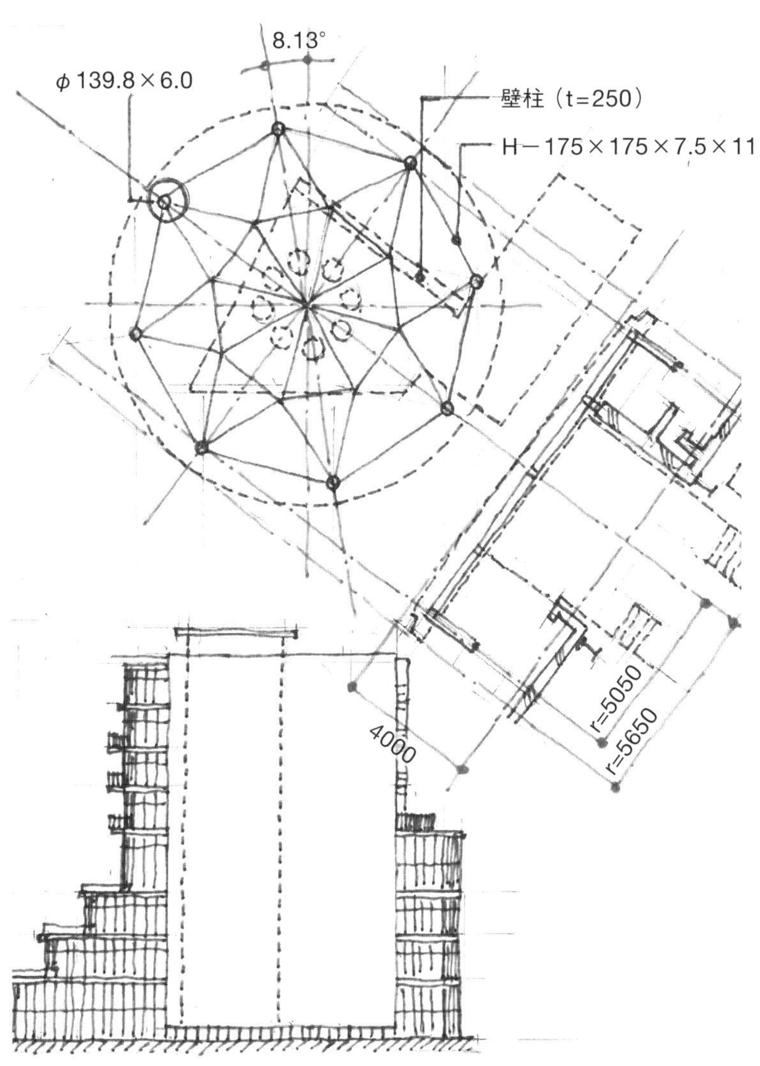

壁柱を利用した吹抜階段の屋根

4. 地盤に浮かべる

建物を建てる場合、通常は固い地層に建物の荷重を支持させます。この地層を支持層と呼んでいます。建物を支持層に直接載せることができれば直接基礎形式を採用します。直接基礎には布基礎やべた基礎と呼ばれる形式も含まれます。支持層が深くなるにつれて、柱状改良工法（深層混合処理工法）などの地盤改良や杭基礎を採用します。地盤の強度もさまざまなので、その都度コスト比較が必要ですが、おおよそ次のように使い分けています。これらは当然のことながら、いずれも建物荷重を支持層が支持させても沈下しない、あるいは沈下しても建物に影響を及ぼさない程度の沈下におさまる、という前提に立っています。

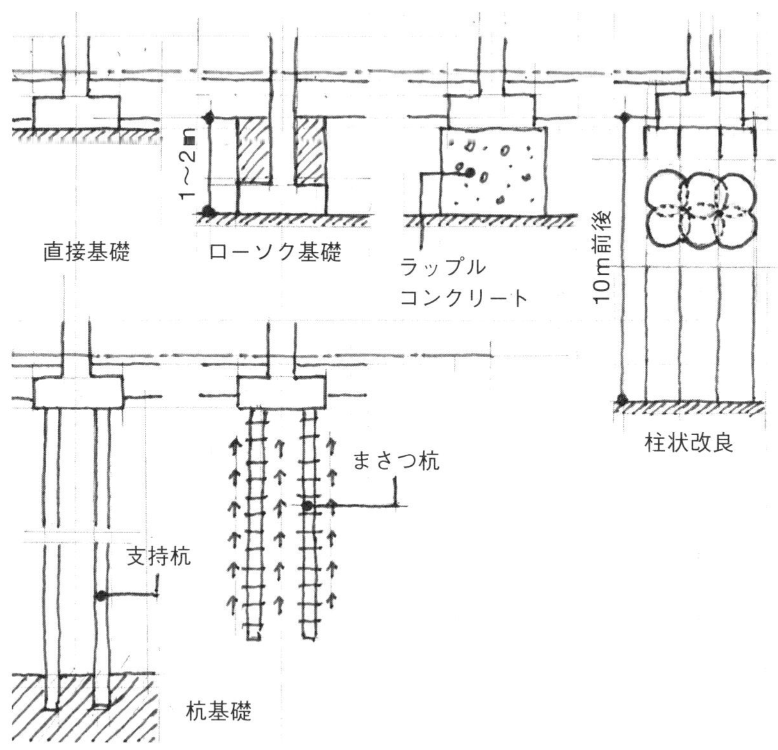

基礎形式の使い分け

ところが、埋立地では大量の土砂を運んできて水深10m以上の海を埋めるため、その土砂の自重だけで海底に堆積している粘土層が圧密沈下するだけでなく、通常なら沈下しない支持層まで沈下することがあります。たとえば埋土が30m堆積すると、50階建ての超高層ビルに相当する荷重が下部の地盤に作用します。そのような場合、支持層に建物を支持させるという従来の考え方の前提が崩れてしまいます。

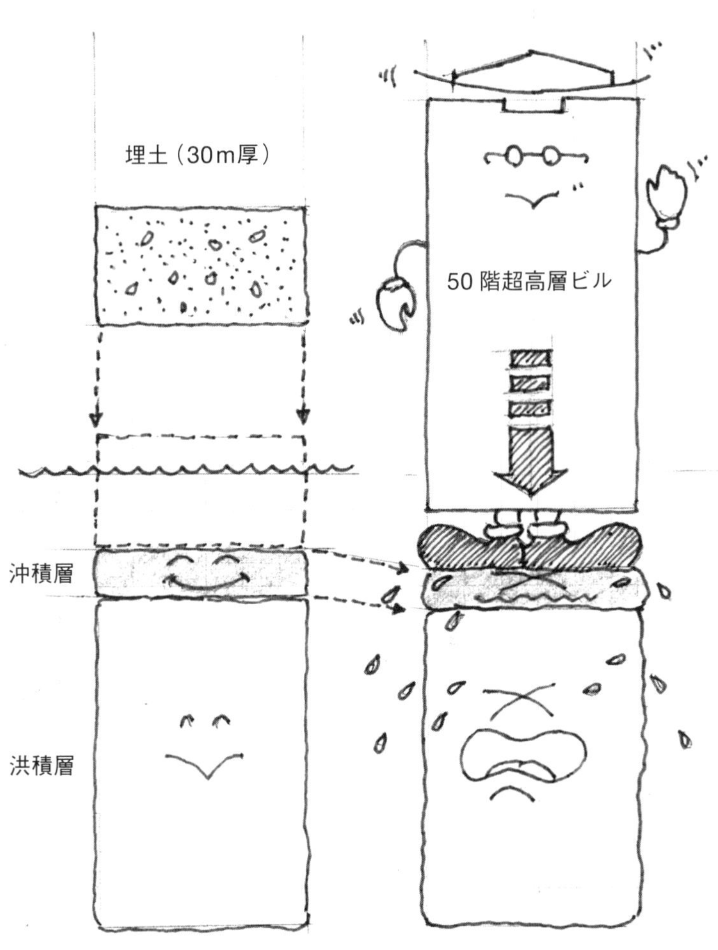

支持層そのものが沈下する？

そこで、発想を変えて出てきたのが「フローティング基礎」です。つまり、建物を地盤に支持させるのではなく、施工時に掘削して排出される土の重量と建物重量をバランスさせる方法です。そうすると、建設前後で地盤状態は変わらず、荷重増に伴う沈下はしないという計算になります。軟弱地盤におけるフローティング基礎の考え方は30年以上前からありました。

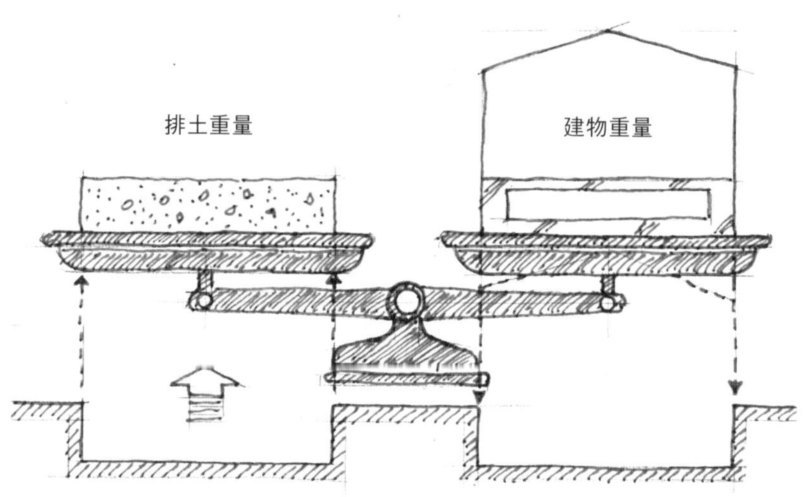

フローティング基礎の原理

たとえば、平家の鉄骨造建物を建てるとします。建物の全重量を30kN/m^{2}とし、土の比重（ρ）を1.6と仮定すると、排土重量と建物重量が等しくなる基礎底深さは

$$H = \frac{30}{1.6 \times 10} = 1.9\,\mathrm{m}$$

と求められます。

重量が計算上バランスしているので、建物の新築による基礎下への影響はありません。しかし、支持層に建物を支持させているわけではないうえに、基礎下の地盤がどこも均質とは限らないので、不同沈下や傾斜沈下の

可能性が残ります。建物が周辺地盤とともに一様に沈下する場合は何ら問題になりませんが、建物が剛性不足によって強制変形を受けたり、剛性が高くても埋立履歴の違いなどによって傾斜沈下すると、躯体の損傷や床の傾斜によって使用性が損なわれるといった問題が生じます。

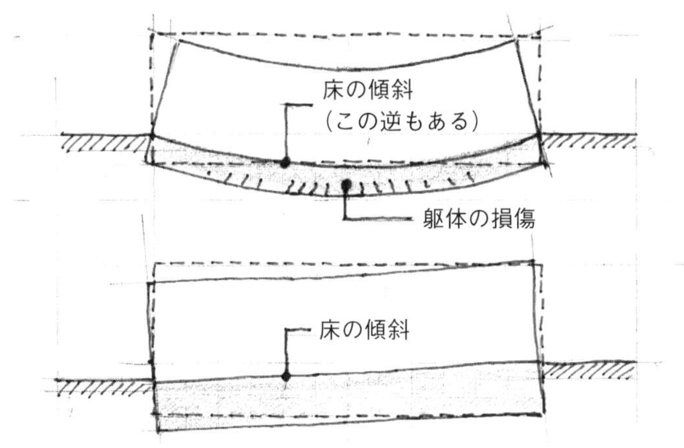

想定される沈下モード

フローティング基礎を採用する場合は、剛性の高い基礎ばりを組み、べた基礎形式を採用して接地圧をできるだけ均等にし、基礎全体で建物を支持させる計画にすると良いでしょう。少なくとも、局部的な不同沈下がないようにしたいものです。また基礎ばりの設計では、各支点位置の予想沈下量を求め、躯体に強制変形を与えて応力解析を行って断面設計をしておくことが重要です。

あとは傾斜沈下に対して設計でどう対処しておくかですが、軽くて基礎ごと傾斜修正できる住宅類は別として、上部架構のみをジャッキアップしてレベル修正できれば問題解決します。その場合、竣工後にジャッキアップできるような細工をあらかじめ躯体に施しておく必要があります。

次に示す事例は、地盤全体が沈下する場所に建つ、305m × 120mの大きさの平面を有する作業場および事務所です。表層から深さ10mぐらいまでN値50以上の玉石混じり砂礫（埋土層）が続くので土間床としています。したがって、フローティング基礎は採用していません。また、桁方向を12.5m、張間方向を37.5m×2スパンを基本スパンとし、基礎ばりを設けず直接基礎（独立フーチング基礎）のみ配置しています。そして、計画地の沈下計測データをもとに沈下を考慮した応力解析を行って不同沈下の管理値を定め、ジャッキアップ（またはジャッキダウン）を行う方針としました。また、事務所の間仕切り壁にもジャッキアップに伴う変形差を吸収するディテールを採用しています。

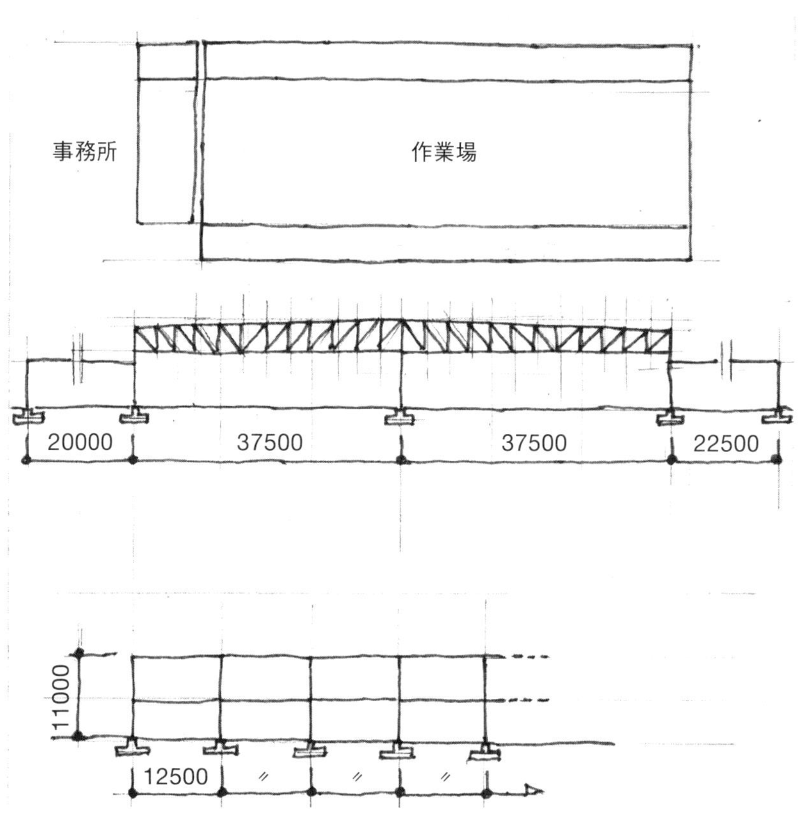

架構の概要

建物の不同沈下対策としては、建物レベル計測のための測定鋲を各所に設置したほか、ジャッキアップ（一部はジャッキダウン）用として各柱の油圧ジャッキをセットする位置にブラケットを取り付けることにしました。そして、あらかじめ設定した管理値を各支点に強制変位として与えて断面設計を行っています。さらに、竣工後も継続して不同沈下量の管理を行い、管理値を超えた場合にジャッキアップを行う計画としています。このように、沈下が避けられない計画地では、沈下を許容してうまくつき合っていく必要があることを理解しておくと良いと思います。

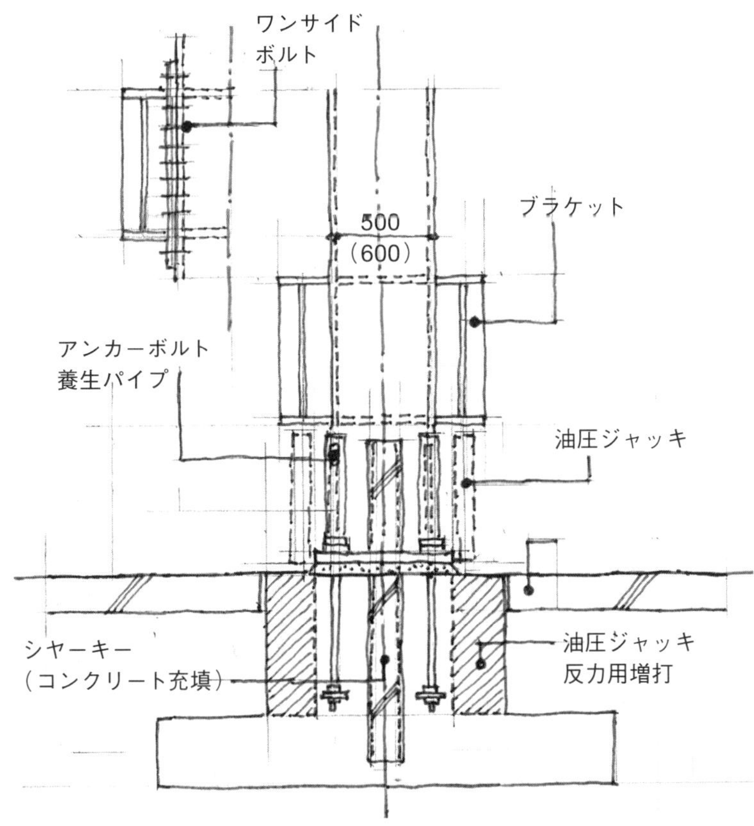

ジャッキアップ用鉄骨ブラケット要領

5. 建物と建物をつなぐ

建物と建物をつなぐ一般的な方法は、連絡ブリッジの類でしょう。それは、単に人や荷物の動線を確保するという意味でつなぐのが目的です。その場合、ブリッジの両端をそれぞれの建物に固定することは通常行わず、いずれかの側をローラー支点にして双方の建物の層間変形差を吸収させる配慮が必要となります。まずは、各支承部にどのような荷重が作用し、変形するかを感覚的にとらえておくことが大事です。

現行の耐震設計において、大地震時に許容している建物の層間変形角の相場は1/100です。連絡ブリッジの設置高さ（階）が高くなればなるほど、水平変形差も大きくなります。たとえば、わかりやすく階高を5mとすると、6階、3階床レベルの両建物の変形差は1/50となり、それぞれ500mm、200mmと求められます。この数値からわかるように、EXP.J部分のカバーも結構大きなものとなります。

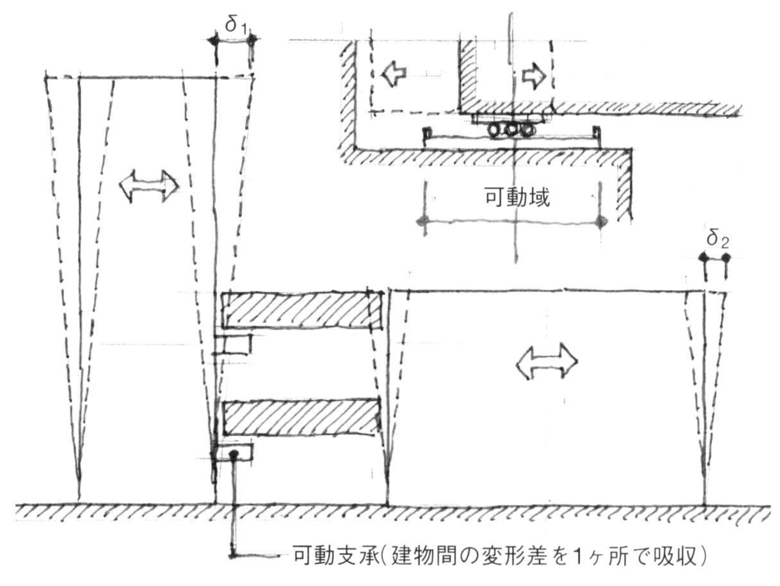

建物間の水平変形差を吸収する

連絡ブリッジは避難動線になるので、大地震時にも機能することが求められます。何より地震時の建物の揺れ（変形）に追従できないと落下します。そのため、建物の実際の挙動をイメージして水平の全方向について変形量を見積もることが重要です。建物に沈下差が生じたり、不同沈下に伴い建物をジャッキアップする場合は、鉛直方向の変形差（傾斜角）も考慮する必要があります。たとえば、連絡ブリッジを剛体とみなすと、それぞれの支承部で次図のような変形（水平、回転）が生じます。連絡ブリッジ等を支持する支承には既製品（固定支承、可動支承）がありますが、既製品で対応できない場合は、許容変形量や鉛直荷重、支点条件などを設計図書に明示して特別に製作する必要があります。

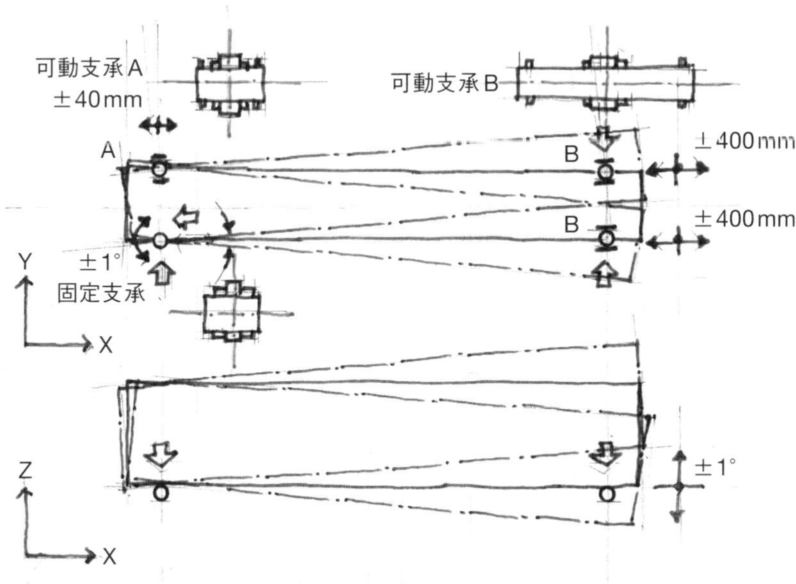

各支承に要求される変形追従性の例

一方で、単に動線を確保するだけでなく、つなぐことを積極的に利用した設計も行われています。それは「連結制振」と呼ばれるものです。連結のパターンはいくつかありますが、いずれも水平剛性の異なる両建物の相対変形差を利用して制振ダンパーにより地震エネルギーを吸収させ、耐震性能を向上させるというものです。

連結のパターンとしては、一つの建物内でたとえばコア部分とその他の部分、あるいは既存建物と増築建物とを連結させる方法があり、単に横に増築してEXP. Jを設けるよりも隣棟間のクリアランスを大幅に小さくすることができます。また、前者の応用型として、コア部を耐震構造、その他の部分を免震構造とした複合タイプもあります。

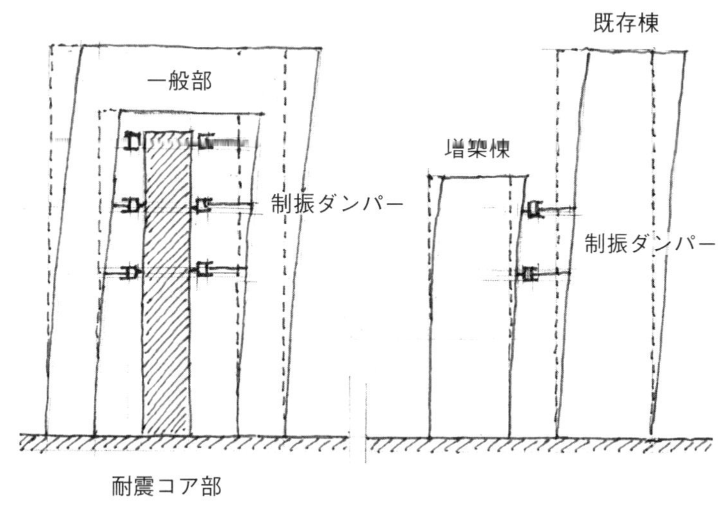

連結パターン概念図

これ以外に、単純に建物頂部をつないで複数の建物群を一体化させる考え方もあります。直感でわかると思いますが、超高層建物を2棟単独で建てるより頭をつないで一体化させた方が、はるかに安定性が増します。マクロなとらえ方をすれば、超高層建物は巨大な柱とみなせます。2本単独に建っている間は静定構造ですが、これら頂部をつなぐと巨大なラーメン架構になり、マクロに見た不静定次数が増すことがわかります。

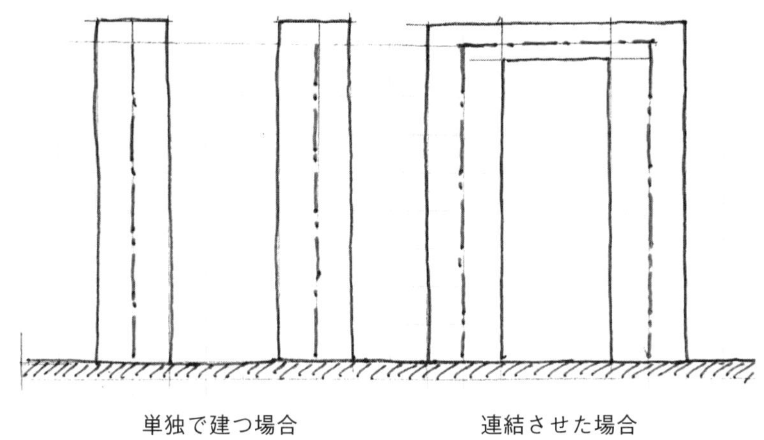

感覚でとらえる安定性

これらの連結事例を以下に2例紹介しておきます。まず前者の事例は、駅前に建つターミナル複合施設[3)]です。主な用途は店舗、ホテル、駐車場、駅コンコースで、新たに建設される橋上駅から地下街区をつなぐ新たな公共動線の整備を目的として増築されました。

連結制振構造の採用目的は、①（法的に）一体増築とみなされるため既存棟の現行法令基準への適合、②増築に伴う既存棟の地震力負担の抑制、③商業空間としての隣棟間隔や補強箇所の最小化です。つまり、増築棟に制振構造を採用して耐震性を高めると同時に、既存建物の見かけの耐震性能を向上させて補強個所を減らし、店舗としての有効面積を確保するというものです。

増築棟をEXP. Jを介して単独で建てても、また既存棟と完全に緊結し一体化を図ってもこれらの課題を合理的に解決することはできず、唯一の解だったと言えます。

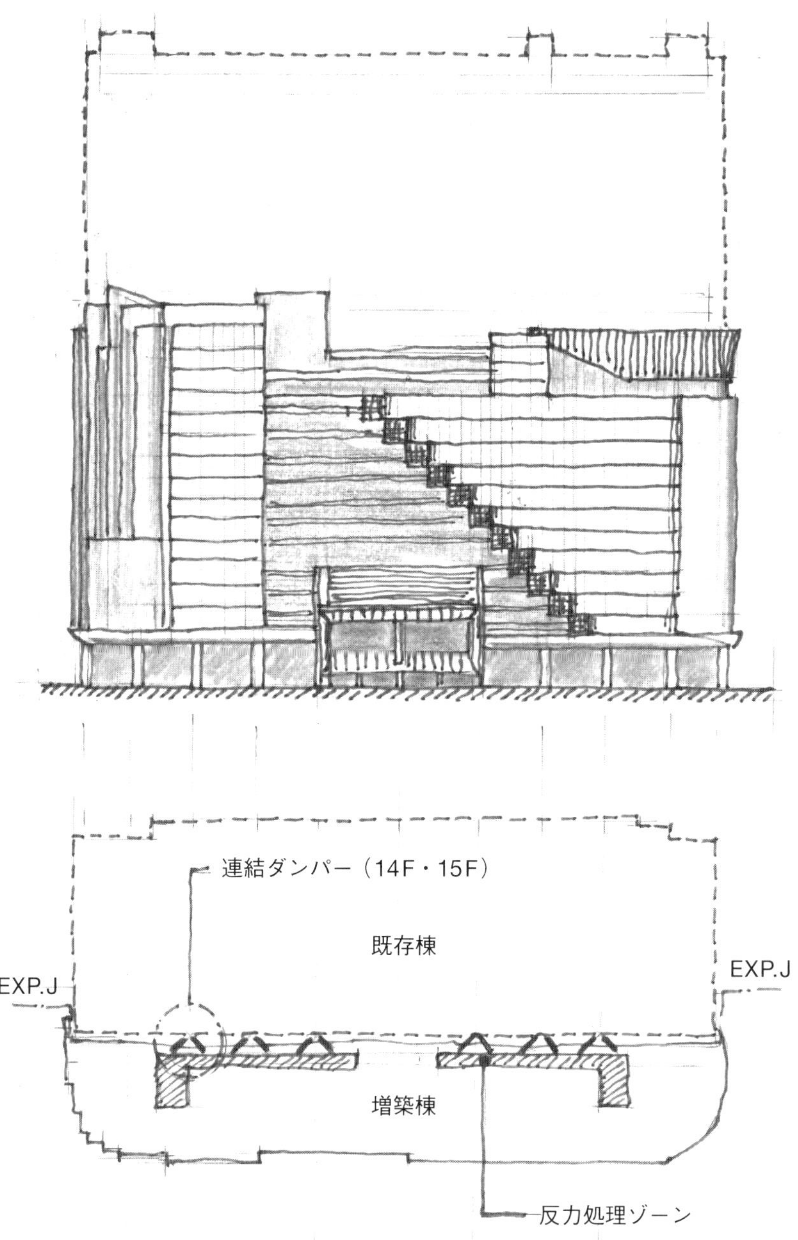

連結制振ビル外観およびダンパー配置

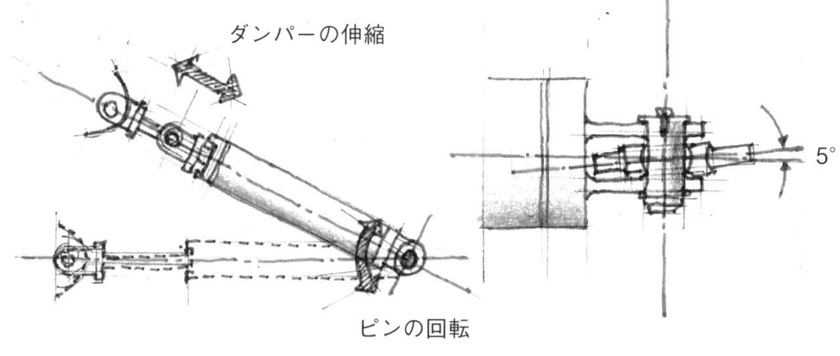

ダンパー取付け部の変形追従性

一体化した超高層ビル

後者の事例は、都市のランドマーク、そして観光スポットにもなっている事務所および商業施設です。高さ173mの超高層ビルを連結するように円形の空中展望台が設置されているのが構造的な特徴で、22階には東棟と西棟をつなぐ連絡通路が設けられています。両棟の頂部をつないだ場合の安定感は、写真からもよくわかると思います。

6.　柱をランダムに置く

建築計画においては、X軸、Y軸を基準に通芯を設け、通芯の交点に柱を配置することが大半だと思います。この場合、必ずしも直交座標系とは限りませんが、一定の規則性を有します。規則性をうまく利用することにより応力の均等化や部材の単純化、施工性の向上、さらにはコスト縮減を図ることができます。その一方で、意匠的に方向性をなくし柱をランダムに置きたいという要求が生じることもあります。この場合、床（屋根）スラブを支える機能と水平荷重に抵抗する機能を分離するか、兼ねるかで考え方が変わってきます。

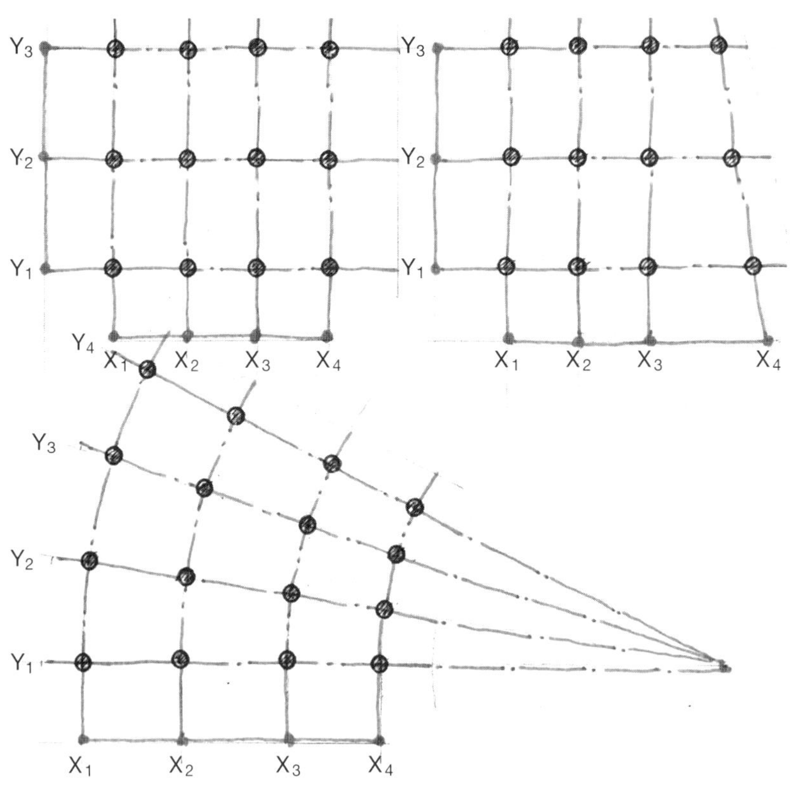

基準軸の事例

① 柱に水平荷重を負担させない場合

水平荷重を耐震壁やブレースなどにすべて負担させる場合、柱は地震力から解放されて床版を支えることがおもな役割となります。その場合、柱だけで床（屋根）を支えようとすると、スラブの面外剛性によって柱スパンが決まります。剛性が無限大であれば柱が最低3本あれば支持できるでしょうし、剛性が低ければ柱を密に配置する必要があります。

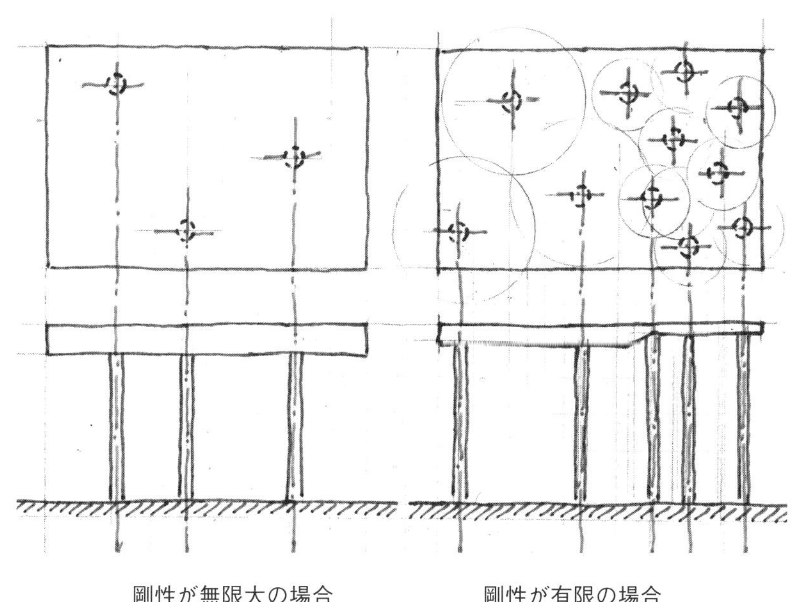

剛性が無限大の場合　　剛性が有限の場合

スラブの荷重と剛性で決まる柱配置

実際には、スラブの剛性が無限大にはならず、また柱だけでスラブを受けると支持点の近傍に応力集中が生じます。荷重の大きさによっては、キャピタルを設ける（外観上は床版の厚さが他の範囲より大きくなる）ことが必要になる場合もあります。

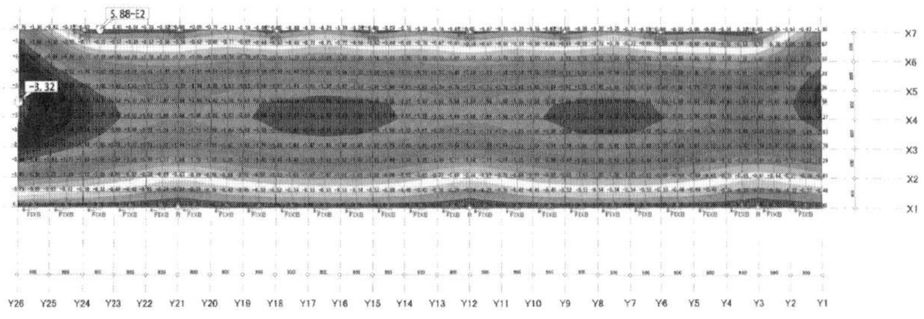

上辺を柱だけで支持させたスラブの変位解析例

一方、柱同士をはりでつないでラーメン架構にすると、スラブもはりも支点間距離でそれぞれの断面が決まります。スラブの荷重を直接柱に流すか、はりを介して流すかは、建築計画で個々に判断することになります。

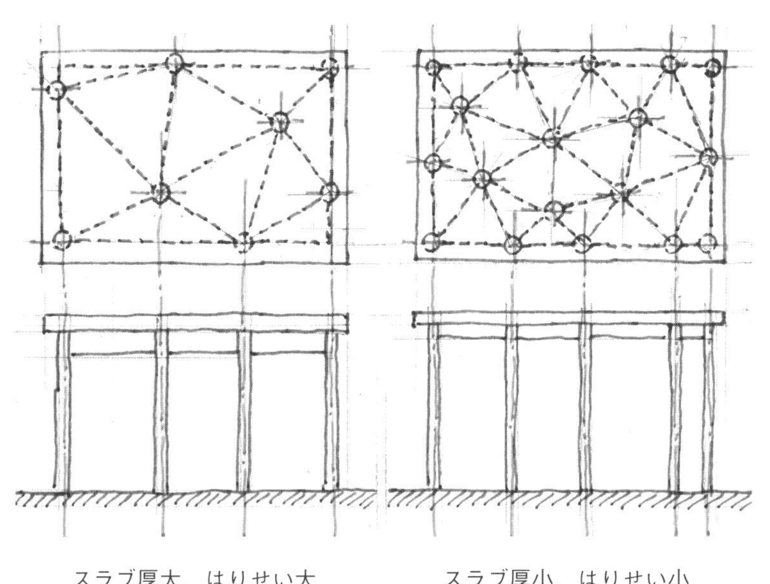

スラブやはりの部材サイズで決まる柱配置

② 柱に水平荷重を負担させる場合

フーメン架構にせよ、独立柱（壁）にせよ、全方向に対して剛性と耐力を確保し、かつ全体がねじれないようにバランスよく配置することが構造的に重要なポイントとなります。とくに、柱が強軸方向と弱軸方向で断面性能が異なる場合は、配置がランダムであっても構造的に合理性がないといけません。重心が原点にあるものとすると、詳細な計算をしなくても各方向に同じ数の部材を次の要領で配置すればおおよそのバランスを取ることができます。あとは床版をどう支持させるかの問題になります。

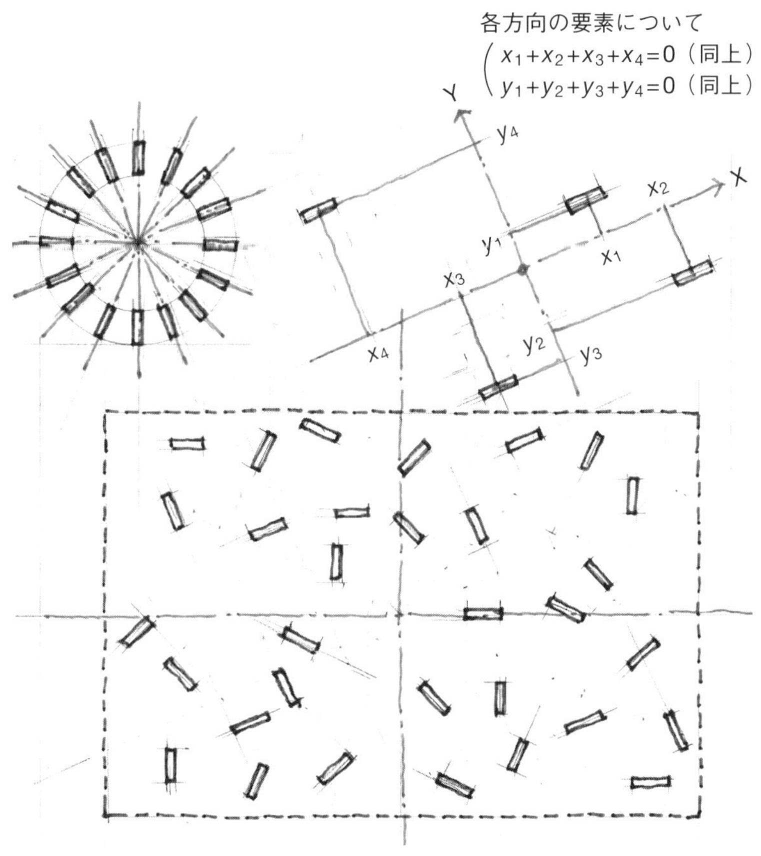

ランダム性と構造的合理性の両立

7. 建物を跳ね出す

建物を跳ね出すデザインは、跳ね出し長さの差こそあれ、よく見られます。構造的には、マクロに片持ちばりを構築し、跳ね出し長さの程度に応じて必要なはりせいを確保すると、無理なく跳ね出すことができます。つまり、はり単材だったものを1層、さらには複数の層へと拡張させて片持ちばりにしていくのです。しかし、1層分のはりせいと言っても、そのままだと単に上下階の片持ちばり2本分の断面性能しかありません。そこで、上下階のはりを鉄骨ばりのフランジとみなし、ウェブ面に壁やブレースを設けてやるのです。そうすると、1層分のせいをもつ片持ちばりとしての断面性能を発揮させることができます。

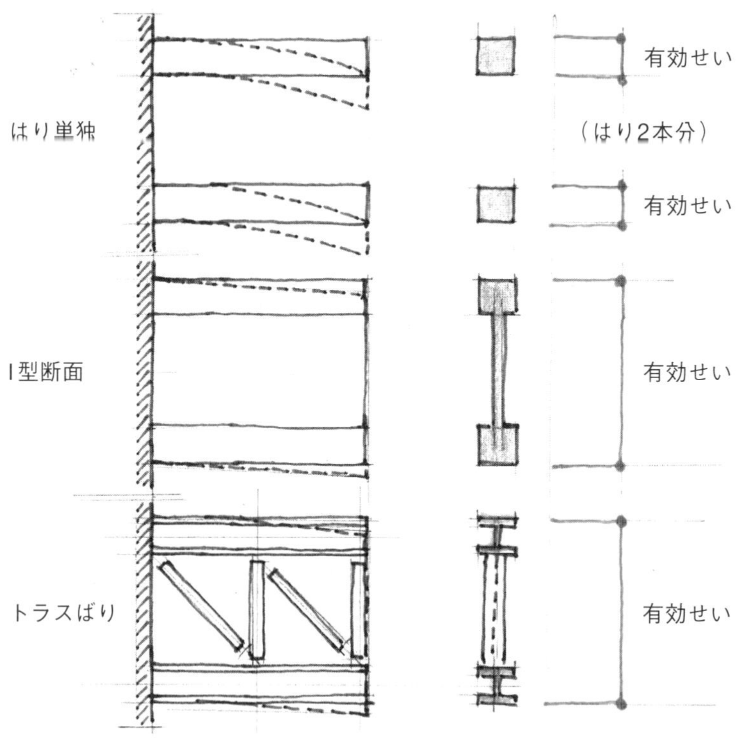

片持ちばりを構築する

跳ね出し長さをL_1とし、1層分のせいをもつ片持ちばりに各階の床荷重w（等分布）が作用するとして、i層分のせいをもつ片持ちばりが同じ曲げ応力度やたわみになる時の跳ね出し長さL_iを逆算で求めてみます。ここでは単純化するために、はりせいを$i \times H$、はり幅をBとし、自重は無視します。

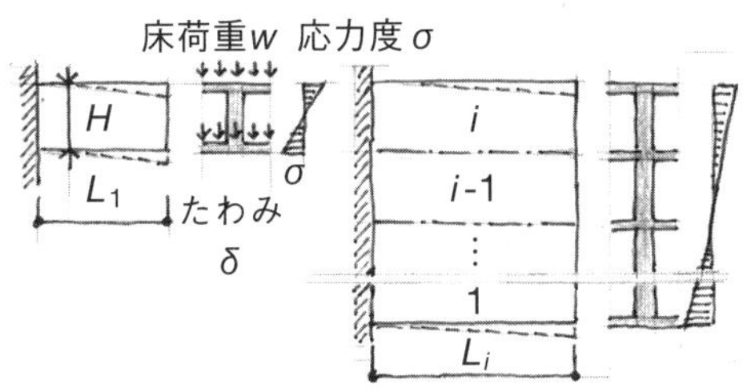

曲げモーメント　$M_i = \frac{1}{2} w \times (i+1) \times {L_i}^2$

はりの断面係数　$Z_i = \frac{1}{6} \times B \times (i \times H)^2$

はりの断面二次モーメント　$I_i = \frac{1}{12} \times B \times (i \times H)^3$

はりの曲げ応力度　$\sigma_i = \frac{M}{Z} = \frac{3w \times (i+1) \times {L_i}^2}{B \times (i \times H)^2}$

はりのたわみ　$\delta_i = \frac{1}{8EI} \times w \times (i \times 1) \times {L_i}^4 = \frac{3w \times (i+1) \times {L_i}^4}{2E \times B \times (i \times H)^3}$

以上の式より、

曲げ応力度を等価にするL_i

$$L_i = \sqrt{\frac{2 \times i^2}{i+1}} \times L_1$$

たわみを等価にするL_i

$$L_i = \sqrt[4]{\frac{2i^3}{i+1}} \times L_1$$

と導くことができます。

これらより、はりせい比（i）と跳ね出しスパン比（L_i/L_1）との関係を次図に示します。この図から、複数の層からなる片持ちばりをうまく構築すれば、比較的簡単に大きく跳ね出すことが可能になります。

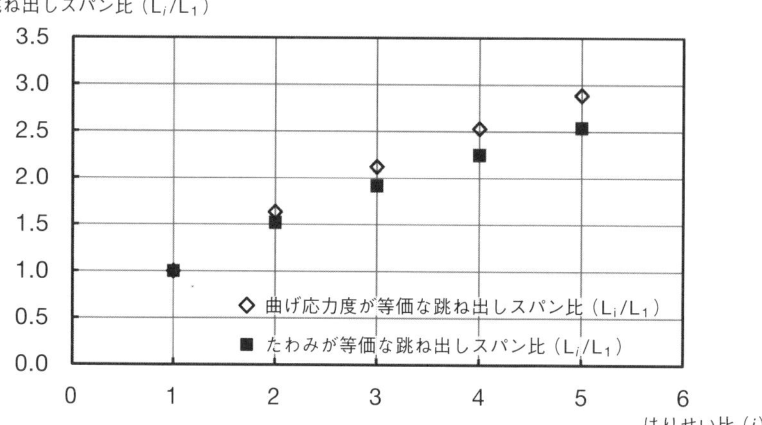

はりせい比（i）と跳ね出しスパン比（L_i/L_1）との関係

しかし、ただ跳ね出せば良いというものではありません。構造的に合理的でかつ耐震安全性を担保することが必要です。ここでは、とくに重要なポイントを3つ解説します。

① 応力のつりあい

架構が安定してつりあい状態を保つということは、応力が作用するところでは、作用反作用の原理でその応力に抵抗するものが必要になります。つまり、片持ちばりの反対側に固定端モーメントにつりあう部材が必要となります。連ばりをイメージするとわかりやすいと思います。ただ、控えのはりと言っても、そのスパンと片持ちばりの跳ね出し長さとのバランスが重要で、控えのスパンが小さい場合、てこの作用によって固定端側の支点に大きな反力が生じます。少なくとも、控えのはりを跳ね出し長さ以上引き込むのが良いと思います。

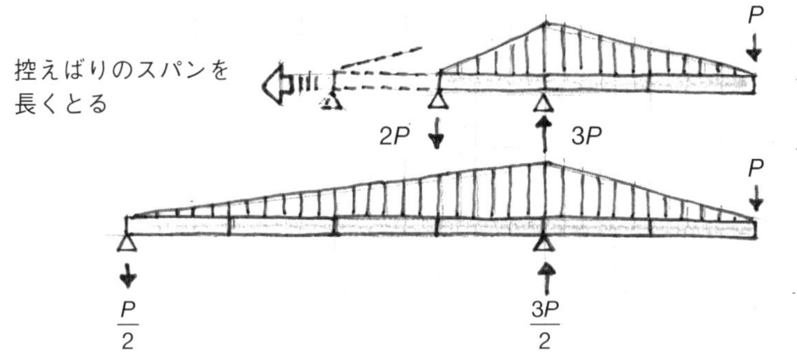

連ばりにおけるてこ作用

② 地震時の上下動

多かれ少なかれ、跳ね出した部分は地震時に上下に振動します。スパンが大きくなるほど重量も増し、それが慣性力となって上下方向に作用します。短期荷重時応力には鉛直荷重時の応力に加えて1G相当の慣性力を見込んで設計する必要があります。

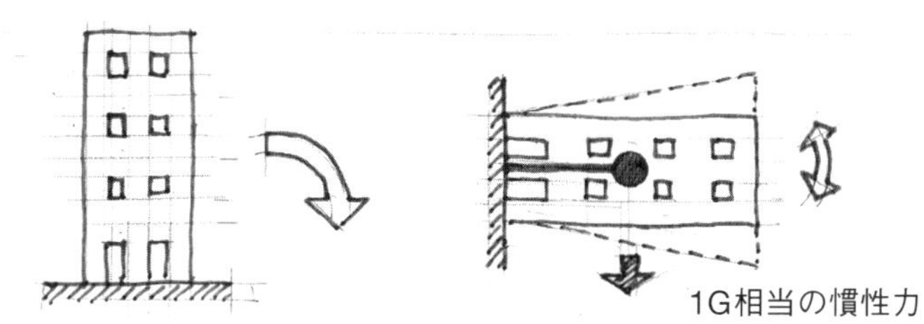

建物を真横に倒すのと同じ慣性力

③ 部材を損傷させない

跳ね出し部分の架構を構成する耐震壁やブレースが地震時に壊れると床の支持能力を喪失させる場合があります。該当する部材は、大地震時においても弾性範囲内にとどめておくことが賢明です。

8.　ヨコに伸ばす

真夏にアスファルト舗装された道路は、手では触れないぐらい熱くなります。暑さで線路が曲がったという話もテレビ報道などでよく聞きます。RC造やS造を問わず、建築材料も温度変化に伴って伸縮します。この温度変化1℃あたりの変形量ΔLと材長Lの比を線膨張係数α（または熱膨張係数）と呼びます。つまり、線膨張係数が大きいほど、温度の影響を受けやすいと言えます。

$$\alpha = \left(\frac{\Delta L}{L}\right) \times \left(\frac{1}{\Delta T}\right)$$

鉄とコンクリートの線膨張係数はともに約1×10^{-5}です。二つの材料の係数が同じということは、温度変化により伸縮量も同じになることを意味します。そのため、鉄筋コンクリートという複合材料が成立していて、コンクリートは圧縮に強いが引張に弱い一方、鉄筋は引張に強いが圧縮に弱いという性質を互いに補うことができているのです。

たとえば、階高が4mの平屋のS造建物を想定し、屋根面が熱せられてはりの温度が10℃から30℃に変化した時、全長10m、100m、200m、400mの建物全体の伸び量は、上の式から

$\Delta L = \alpha \times L \times \Delta T = 1 \times 10^{-5} \times L \times 1000 \times (30 - 10)$ mm

より、それぞれ2mm、20mm、40mm、80mmと求まります。

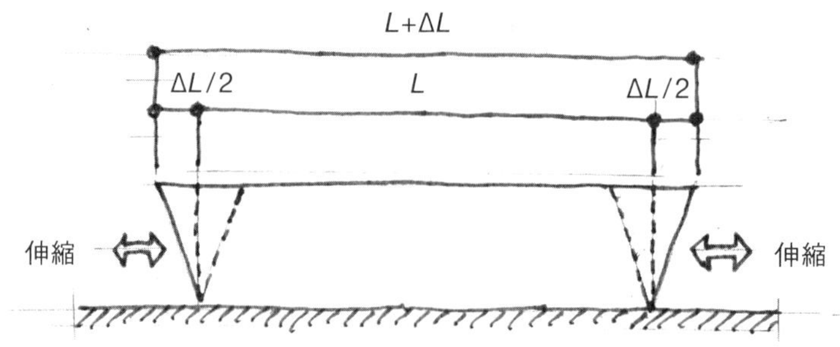

建物全体の温度変化による伸び量比較

スパンが短いと柱に作用する強制変形量は小さく、温度応力を無視できますが、200mにもなると、層間変形角に換算すると1/200になります。層間変形角だけでとらえると、中地震時の変形量に相当します。温度応力に関しては、各スパンの伸び量が蓄積されていくので、とくに外端部の数スパンの付加応力が顕著になります。ブレースが設けられていたりすると、躯体の変形は抑えられますが、その分ブレースに付加応力が生じます。

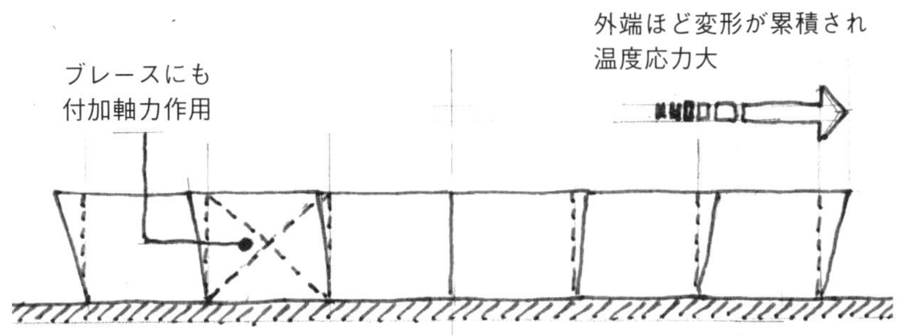

温度応力の影響が大きい外端部

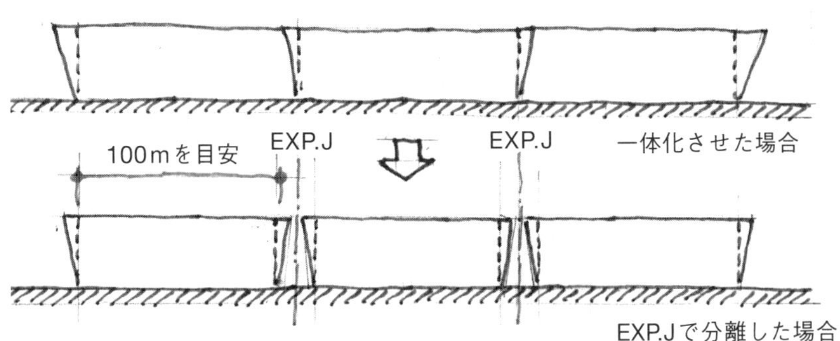

応力を分散させる

筆者が設計事務所に入社した1984年頃は、建物長さ100mを目安にEXP.Jを設けて構造的に縁を切ることが一般的でした。温度変化による躯体の伸縮は、線膨張係数の大きさを見てもわかるようにS造でもRC造でも条件は同じです。とくに検討をしない限りにおいては、応力を分散させるという意味で理にかなった方法と言えます。ただし、EXP.Jを設けると、それに沿って柱が2本並び平面計画上の制約が生じたり、あるいは漏水のリスクが増えるなどのデメリットが生じるのも事実で、何を優先させるかを個別に判断することが求められます。いずれにせよ、図からもわかるように、建物長さの大小にかかわらず温度応力の作用は避けようがありません。ですから、躯体への影響度合いを判断し、必要に応じて温度応力解析を行い、各部材に余裕をもたせた設計をすることが設計のポイントになります。

全長の長い建物に構造的な影響を与える因子は、温度変化だけではありません。RC造の場合、乾燥収縮があります。こちらは現場で躯体のコンクリートを打設した時点から始まります。コンクリート中の水分が蒸発し、その部分の体積が減少するのですが、部材が一様に収縮すれば何も問題が生じません。ところが、コンクリートの引張強さが圧縮強さより一桁小さく、周辺部材など拘束するものがあると引張力が作用します。そして、コンクリートの引張強さを超えるとひび割れが生じるのです。

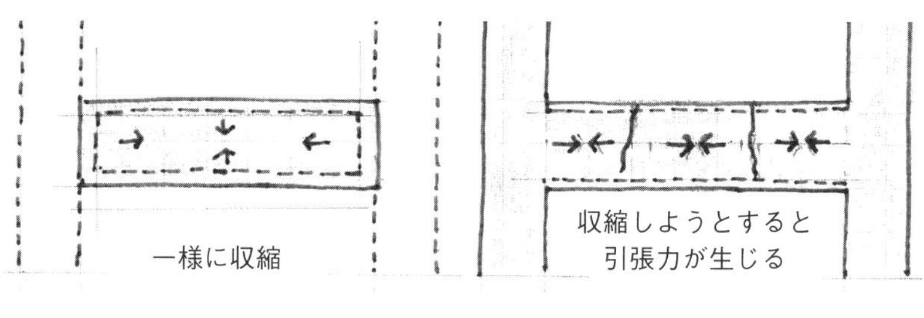

乾燥収縮によるひび割れ発生のメカニズム

ところで、乾燥収縮の影響を低減するには、コンクリートの調合で高性能AE減水剤や収縮低減剤、膨張材などを添加したり、ひび割れが発生しそうな箇所の鉄筋比を増やすなどの方法が考えられますが、それ以外にも全長の長い建物であれば、あと施工部分（収縮帯）を設けることにより、その影響を低減させることができます。具体的には、複数の工区に分けて工程の許される限り各工区の躯体を収縮させておき、最後にあと施工部分のコンクリートを打設して一体化するやり方です。

収縮帯でははり主筋に重ね継手を採用します。もちろん、1階から順次仕上げ工事を行っていく必要があるので、躯体を未施工のまま何か月も存置できるはずもありませんが、1日でも遅く収縮帯の施工を行うよう、設計時に施工工程を詳細に詰めておくと良いと思います。

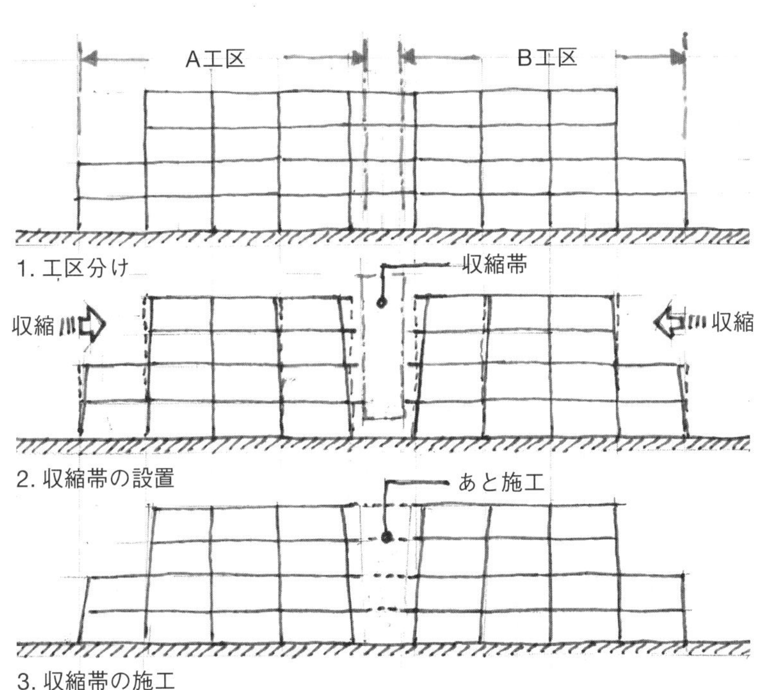

収縮帯を設ける

9.　タテに積む

① 感覚で理解する架構計画

構造計画上、オフィス棟、住宅棟など同じ用途のフロアを単純に積み上げていくことは難しくありません。基準階を決めてしまえば架構がほぼ成立するからです。難しいのは、近年の都市型複合施設に見られるような用途の異なるフロアを積層する場合で、柱位置の違う施設群をどう合理的につなぎ、軸力をスムーズに下方に伝達させるかということが計画上のポイントの一つと言えます。

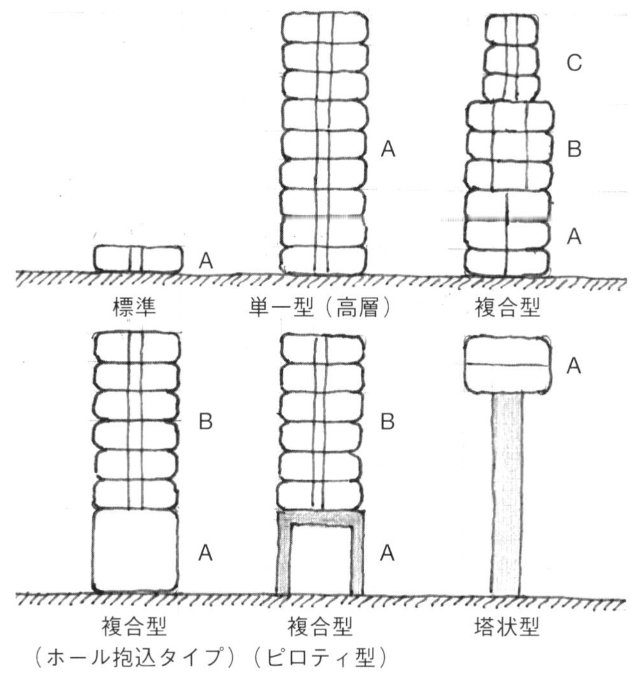

積み方のパターン

ブロック間の柱をどうスムーズにつなぐかということですが、次図をご覧ください。上層階が跳ね出している建物を例にとると、ケースAの場合は、斜め柱にブレース効果が生まれ、特定階の水平剛性が増し、地震時に付加軸力が作用します。また、上下階の大ばりにも斜め柱からの反力として大きな軸力が常時作用します。それを軽減するには、ケースBのように多層階にわたって緩やかに傾斜させるのが良いと思います。ただ、このケースでも柱の傾斜角に応じて水平剛性が増します。また、室内に斜め柱が出てくるので、有効面積が減ります。

一方、跳ね出し長さが片持ちばりで対処できる程度であれば、下層階の柱を上層階まで引き通し、建物両端部を片持ちばりで支える方法（ケースC）もあります。この場合、窓際近くに柱があると平面計画上の制約になることもあります。

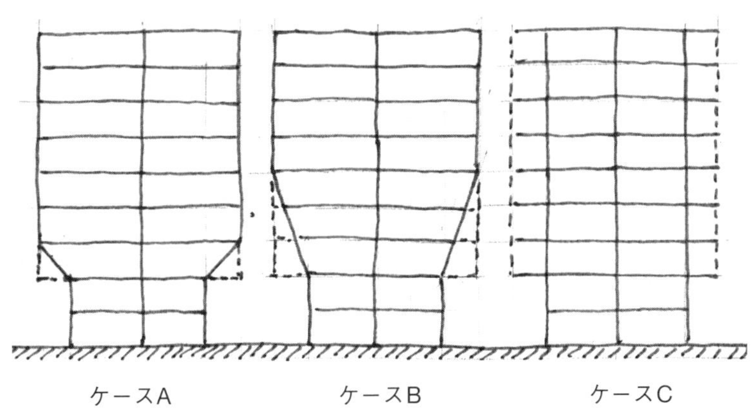

柱の通し方比較

柱位置が極端にずれるような場合には、応力移行階を設ける必要があります。簡単に言えば、1〜2層分の階高のトラスばりを設けて柱を乗り換え、上のブロックの応力をスムーズに下のブロックへ伝達させます。超高層建物では曲げ変形が卓越するので、それを抑える目的で中間階にベルトトラス、最上階にハットトラスを設け、その階を空調機械室等に利用することが多く、計画上それらを兼ねるのがうまいやり方と言えます。

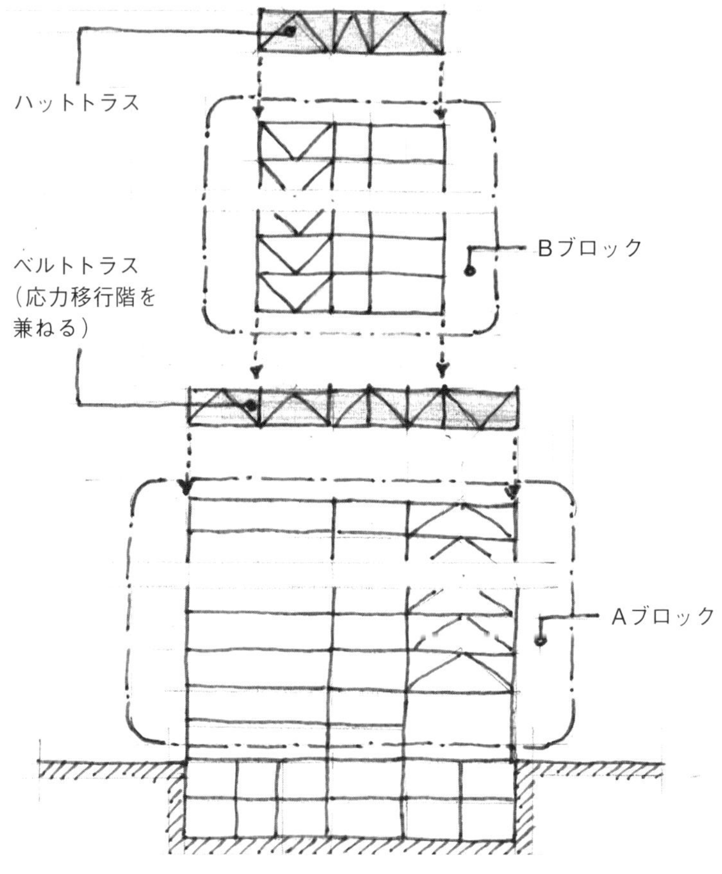

応力移行階を設ける

また、高層化とともに建物規模も大きくなります。そうすると、構成部材もそれに見合ったものにする必要があります。たとえば、柱はりで構成されたラーメン架構の中に、ブレースを連層で設け、巨大なラーメン架構を形成する方法があります。「スーパーラーメン」と呼ばれることもある架構形式ですが、ローカルな構造システムを建物全体の構造システムとして拡張するこうした発想も建築計画を進めるうえで大事なアプローチだと考えます。

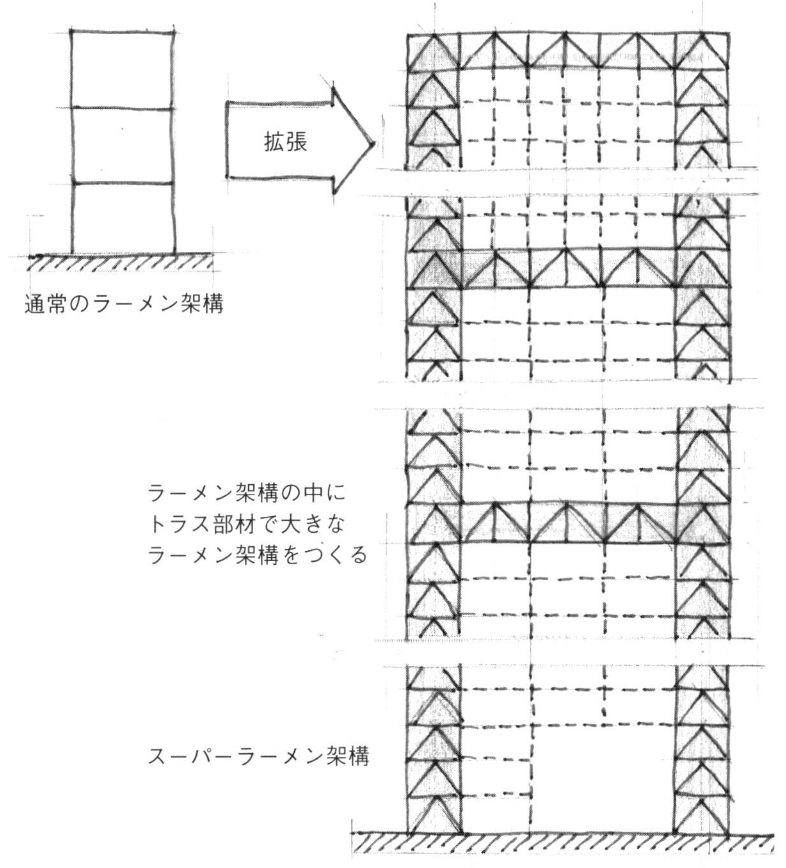

ラーメン架構を拡張する

これ以外にも、高層建物を構築する架構形式はいろいろあります。各階が基準階の繰り返しのような建物の場合は、独立柱を拡張させて考えるとチューブ架構に行き着きます。チューブ架構は文字どおり建物全体(四周)で抵抗させるシステムです。これはチューブの重ねる数の違いで分類できますが、いずれも両方向の水平荷重に抵抗させようとすると、ある程度のスパン数が必要です。そのため、建物の平面形状は板状よりも正方形（あるいは円形）に近いほうが適用しやすいと言えます。

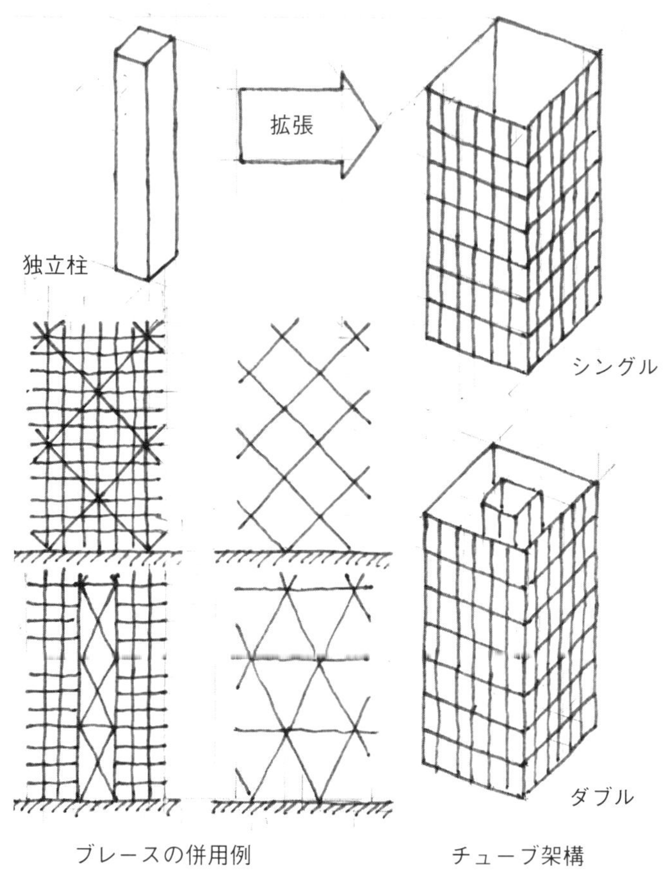

独立柱を拡張する

これと類似している架構形式にベアリングウォール架構と呼ばれるものがあります。チューブ架構とは異なり、こちらはある方向の構面に対して適用します。冒頭で示した複合施設のような場合でも、特定の用途階（たとえばホテル階）の客室のモジュールに合わせた柱のピッチで面全体に展開していくような計画もできます。そういう意味では、ベアリングウォール架構は板状建物の桁方向の構面に適用しやすく、張間方向にブレース（耐震壁）を設けて両方向で架構形式を使い分けることができます。

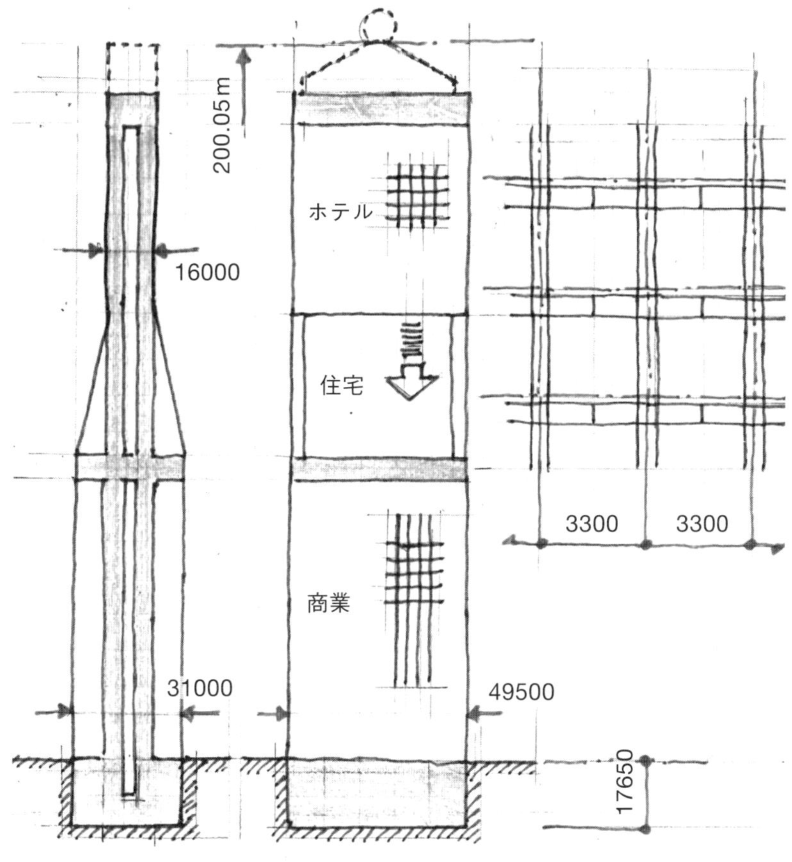

ベアリングウォール架構の採用例

一方、低層建物でブレース（耐震壁）付きラーメン架構が見られるように、高層建物ではそれらを集約したコア形式として計画することがあります。オフィスなどでエレベーターシャフトや階段室などのコア部分にこれらの部材を連層配置し、地震や風荷重などの水平荷重を負担させる架構形式です。そして超高層建物では、純粋の耐震構造でなく制振ダンパーを組み込んだ制振構造として計画することもよく行われています。この架構形式のメリットは、一般諸室のレイアウトの自由度を高めることができる点にあります。これらはコアの位置の違いによって、センターコアタイプやサイドコアタイプなどに分類できます。

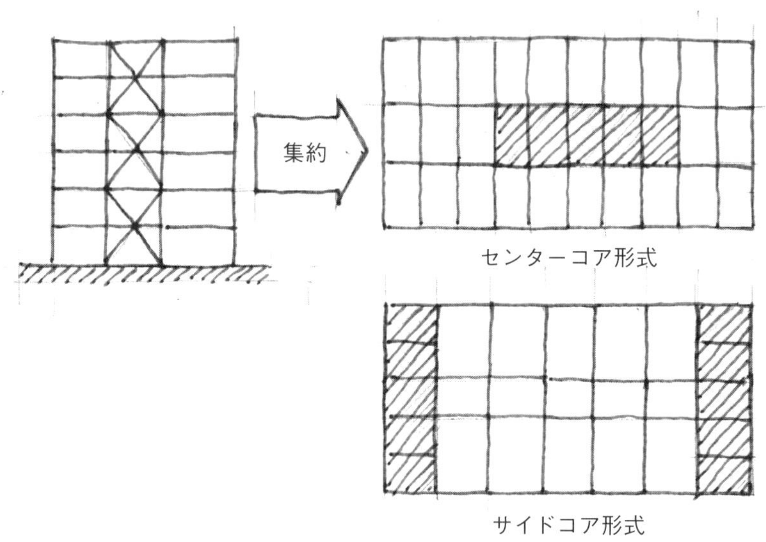

水平抵抗部材を集約させる

超高層建物や塔状建物の場合、転倒に対しても配慮が必要です。超高層建物の場合はたいてい地下階が2〜3層あって、一定の根入れ深さが確保されることが多いのですが、塔状建物の場合は地下階がなく、敷地の広さの制約がある中で基礎だけで転倒に抵抗させる必要があります。詳細な構造計算はともかくとして、感覚的なつかみとして、超高層建物なら建物高さの7％〜10％、塔状建物なら基礎幅を建物高さの0.3〜0.4倍と思っておけば、そう外れることはないと思います。

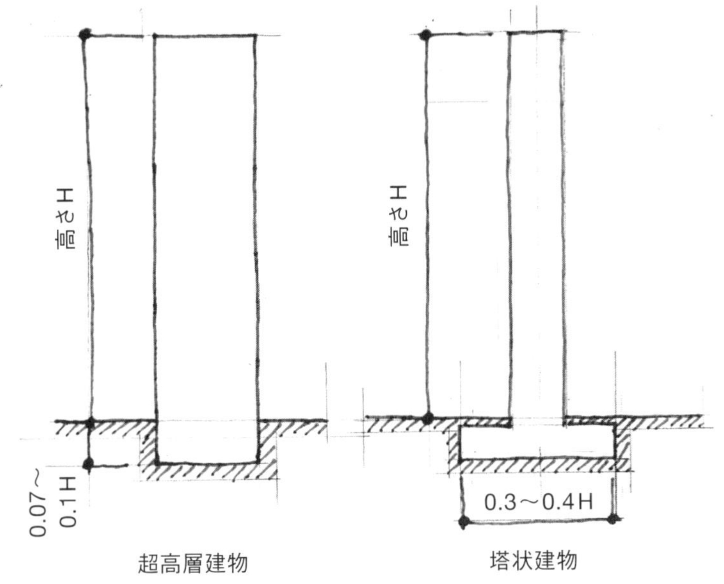

根入れ深さ、基礎幅の目安

② 風の影響を無視できない超高層建物、塔状構造物

建物の高さが高いほど、またアスペクト比（高さ/幅）が大きくなるほど固有周期が長くなり、風の影響を無視できなくなります。その一つが「風揺れ」です。風が吹くことにより生じる気流の影響によって、風直角方向の揺れが卓越するようになります。そして、季節風程度の風速で建物が揺れ、居住者が船酔いのような感覚になることがあります。

その不快な揺れを低減させるため、応答加速度の大きさによっては建物頂部に「制振装置」を設置して居住性の改善を図ります。制振装置の原理を次図に示します。制振ダンパーは、パッシブ型とアクティブ型に分類できます。ここでは代表的な同調質量ダンパーTMD（Tuned Mass Damper）について説明しますが、パッシブ型は、建物の揺れに「重り」を同調させ、建物と反対方向に揺らせて揺れ（応答加速度）を低減させようというものです。それに対してアクティブ型は、アクチュエータを用いて重りを能動的に動かすことにより、軽量コンパクトでありながらより優れた制振効果を発揮します。ただし、絶えず電源供給が必要なので、定期的なメンテナンスも含めてランニングコストが高くなるのが難点です。

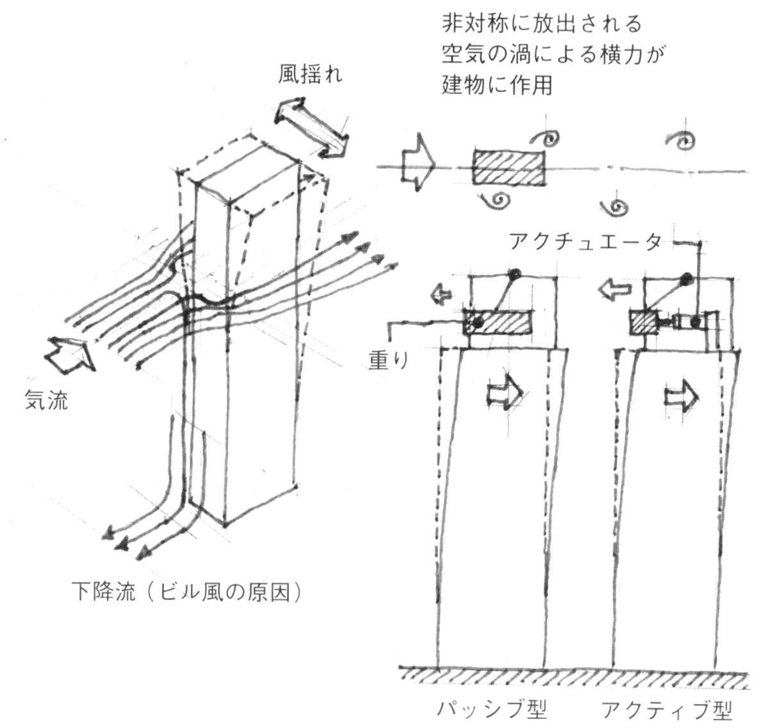

風揺れと制振装置の原理

上図に示したように、建物の「風揺れ」以外にも下降流によって建物周辺の風速が増す「ビル風」や建物の隅角部から剥離した渦が建物に著しい揺れを引き起こす「渦励振」、そして建物を倒壊に至らしめる「空力不安定振動」の問題があります。こうした現象の有無と建物に与える影響を調べるために「風洞実験」を実施します。

風洞実験は、風洞内に自然風を模擬した風を発生させ、ターンテーブル上に縮尺模型を設置してセンサーを用いて計測を行うもので、目的に応じて次の4種類から必要な実験項目を選択して行います。

1. 風力実験

振動天秤装置を使って建物全体に作用する風力を測定し、構造骨組用風荷重を求めたり、風揺れによる建物の振動予測や居住性能評価を行う。

2. 風圧実験

壁面に風圧測定孔を設けた建物模型を用いて、壁面の風圧分布を調べ、外装材や構造骨組の設計用風荷重を求める。

3. 空力振動実験

風による建物の振動応答を直接計測し、共振風速や空力不安定の可能性の有無を調べる。

4. 風環境実験

対象とする建物高さの2～3倍の範囲まで周辺を模型化し、建物建設前後の風環境（風向風速の変化）について熱線風速計を使って調べる。とくに風速増加が顕著な場所には、防風対策として植樹や防風フェンスを設け、実験で風速低減効果を調べることもある。

なお、4. の風環境実験に代わって数値流体解析（コンピューターシミュレーション）もよく行われるようになりました。また、アスペクト比の大きな塔状建物の場合、1. ～ 3. の実験は必須で、建物近傍を流れる気流を乱して風力を低減させるために、異なる平面形状の模型を複数用意して比較実験することもあります。実験結果によって建物形状やデザインが変わることがあり、基本設計時にこうした実験を行っておくのが理想です。

10. 折って強くする

小さい頃、折り紙を折った経験は誰でもあり、紙を折ると強くなることは日常生活を通して理解しています。構造力学的には、断面性能（剛性や耐力）が増すからですが、現象が先にあって理論が先にあるわけではありません。ですから、直感で「できそうだ」という感覚を先につかむことが建築設計では大事なことだと思います。

建築で身近な例を挙げれば、デッキプレートがわかりやすいと思います。わずか厚さ1mmの薄板で約3mのスパンを架け渡し、打設したコンクリートが硬化するまでの間、その重みに耐えることができるのです。一枚の平板ではたわんでとても無理だということは容易に想像できると思います。それを確認するため、次図に示すデッキプレートを模した部材断面を想定して断面性能を比較してみましょう。

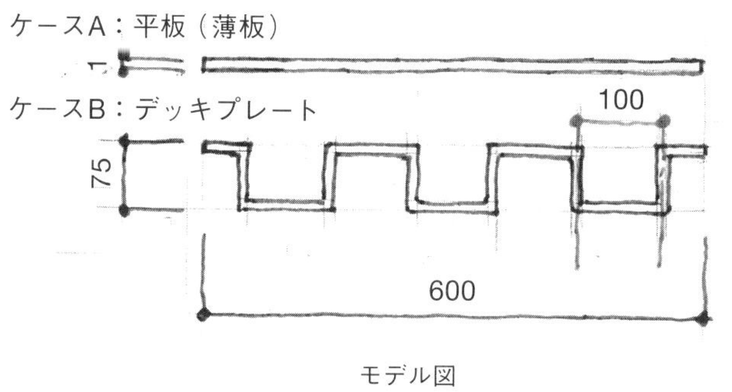

モデル図

剛性を表す断面二次モーメントと耐力を表す断面係数について、ウェブ部分を無視した概略計算結果は次表のとおりです。

比較項目	平板	デッキプレートタイプ
断面二次モーメント（mm^4）	50	821450
断面係数（mm^3）	100	21905

この表からわかるように、薄板を図のように折るだけで断面二次モーメントが4桁、断面係数が2桁大きくなります。それは、断面性能がそれぞれ部材せいの3乗、2乗で効いてくることによるものですが、建築デザイナーであってもこの感覚をもっておくと良いと思います。また、部材せいをかせぐという意味では、折板に限った話ではありません。たとえば、キンベル美術館（設計：ルイス・I・カーン、竣工：1972年）のヴォールト屋根も同じ原理です。幅23フィート（約7m）のヴォールト版がはりとしての機能を果たしているから、スパン100フィート（約30m）を架け渡すことができ、荷重を両端の柱に伝えているのです。部材せいをかせぐという視点は、建築デザインで結構使えるように思います。

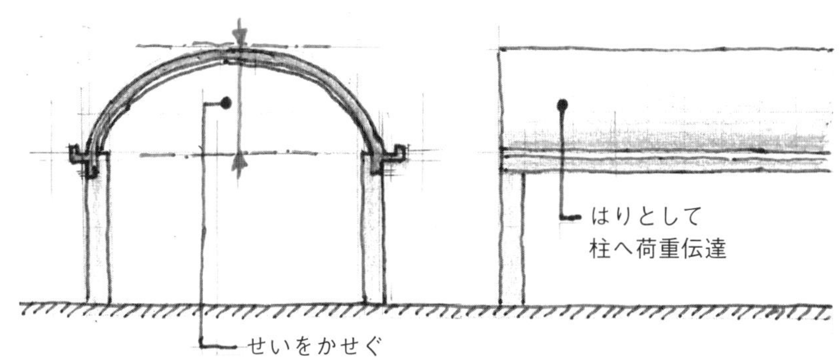

部材せいをかせぐ

折板構造はあらゆるところに使えます。屋根、壁などの主要構造部、さらにそれらを組み合わせて架構システムにすることもできます。群馬音楽センター（設計：アントニン・レーモンド、竣工：1961年）は代表的な建築物の一つで、おそらく知らない人はいないと思います。折板構造は厚紙でも簡単に作ることができます。折り方や折る位置を変えるだけでもいろいろな形ができるので、試行錯誤してみると良いと思います。

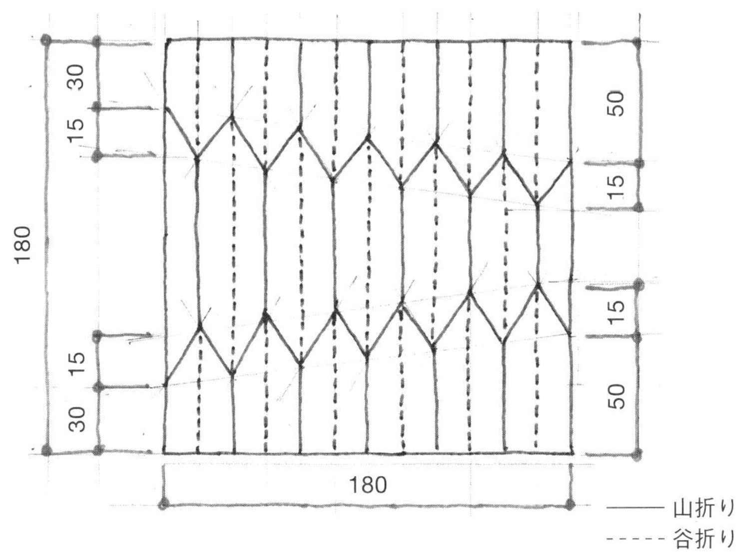

折り方のパターン例と完成形

また、主要構造体ほど大がかりなものでなくとも、階段、庇などのサブストラクチャーにも採り入れることができます。デザインの幅を広げる構造だと言えるでしょう。具体的な事例については第3章の「階段を浮かす」のところでも少し紹介しているので参考にしてください。

最後に、「壊すと強くなる」話をしておきます。A4版のコピー用紙を丸め、端を糊付けしてできた筒を上から一様に（これが難しい）押しつぶすと左下の写真のようになります。これは研究された吉村慶丸先生にちなんで「吉村パターン」と呼ばれているもので、PCCPシェルの一種です。厳密には直角二等辺三角形の連続体になるのですが、適当につぶしてもそのパターンを確認できますし、実際に押しつぶした筒を触ってみると本当に固いことがわかります。実際に飲料用のアルミ缶にも応用されており、実際に下図の要領で折ってみると強いのが理解できると思います。

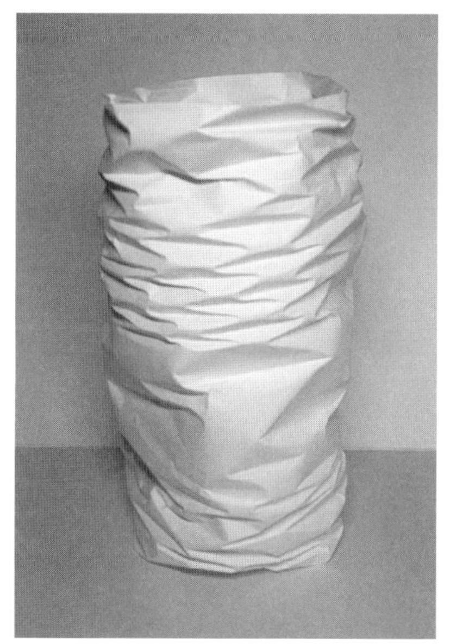

壊して強くする体験

—— 山折り
----- 谷折り

吉村パターン

11. 空間を架け渡す

体育館、アリーナ、展示場など大空間を覆うために、これまでもさまざまな架構形式が採用されてきました。いずれも設計者によるすばらしい創意工夫が施されています。比較的スパンの大きな建築物では、設計段階だけで設計が完結しないことが多く、施工まで含めて初めて完結することの方が多いと思います。施工順序が少し違うだけで、設計で想定した応力とまったく異なることがあるので、こういう場合は施工手順を設計図書に明示しておく必要があります。ここでは「言われてみればそうだけど結構大事だ」と思われることについて解説します。

面積の広い屋根を支える柱は、面外方向は背の高い独立柱が多く、何も考えずに設計すると、屋根形態によっては柱に大きなスラスト力（横に押し出す力）や曲げ応力が作用することがあります。スラスト力をなくすには、屋根架構だけで応力が閉じるようタイバー（テンション材）を設けたり、円形平面であれば外周部にテンションリングを配置すれば良いのですが、そうでない場合は、屋根架構の建方時に支承部を滑らせて柱にスラスト力を作用させない工夫が必要になります。

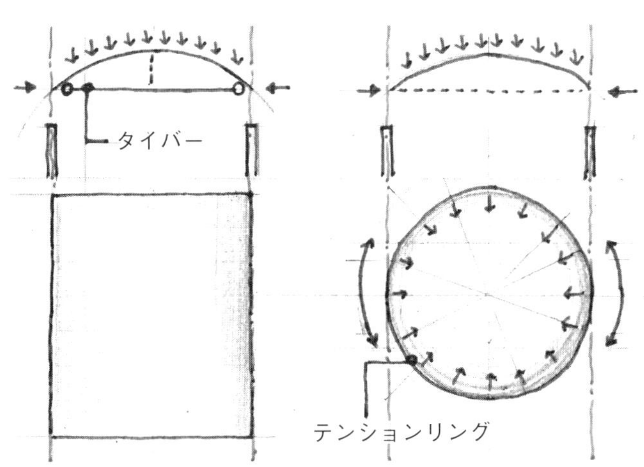

スラストの発生と回避方法

どの支承部を滑らせるか、または固定するかは、構造計画に深く関わってきます。また、それによって仕上げの納まりも変わってきます。典型的な支点条件の設定例を比較する形で次図に示します。

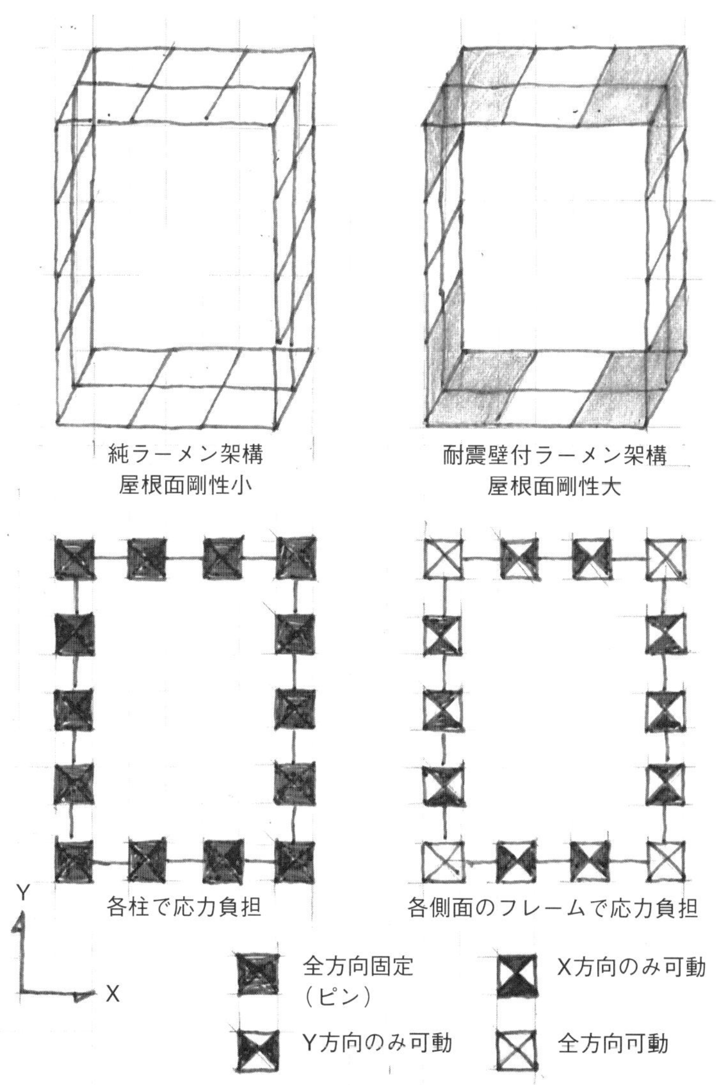

支点条件の設定例

屋根面剛性が低ければ、各柱で負担面積に応じて水平荷重に抵抗させることが必要になります。独立柱の面外方向にも水平力が作用するので、部材の大きさも水平力に応じた断面になります。屋根面剛性が高い場合は、面外方向に支承部を滑らせ両端部の外周架構に水平力を集約させることができます。そうすれば独立柱の面外方向に水平荷重が作用しないので、部材設計が楽になります。

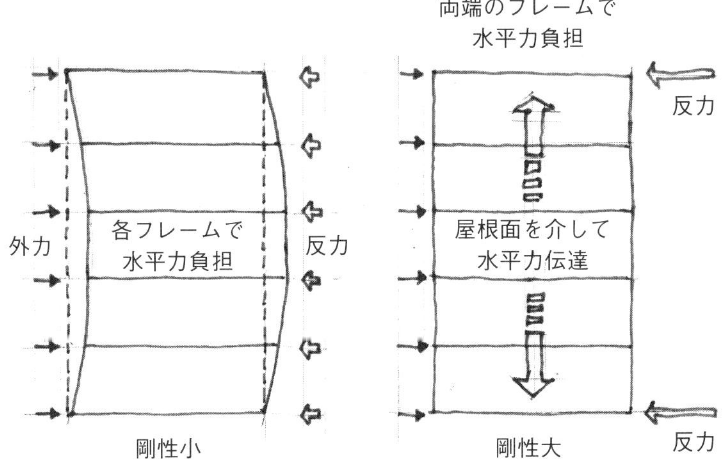

屋根面剛性のもつ意味合い

なお、支承部を滑らせる場合は、仕上げ材の脱落防止のため屋根側と壁側の仕上げ材の縁を切る必要があるほか、境界部分からの漏水にも注意してください。

一方、支承部を固定する場合は、どのタイミングで固定するかによって応力が変わることに留意が必要です。これには施工が密接に関係します。施工の最終段階で支承部を固定すれば、柱にスラスト力がまったく作用しないので良いのですが、そうすると最後まで支承部廻りの仕上げ工事にかかれません。たとえば屋根下地材の施工が完了した時点などのように、施工の途中段階で支承部を固定することになるので、照明器具やバトン、キャットウォークなどの取付けのタイミングも把握したうえで、固定荷重のどれだけの割合に対するスラスト力をキャンセルするのか、設計で十分スタディしておくことが必要です。当然のことですが、支承部を固定した後に施工された仕上げ、設備等の増加分の荷重に相当する分のスラスト力を見込んで設計することになるので、施工工程や工事手順を想定しておくことも怠ってはなりません。

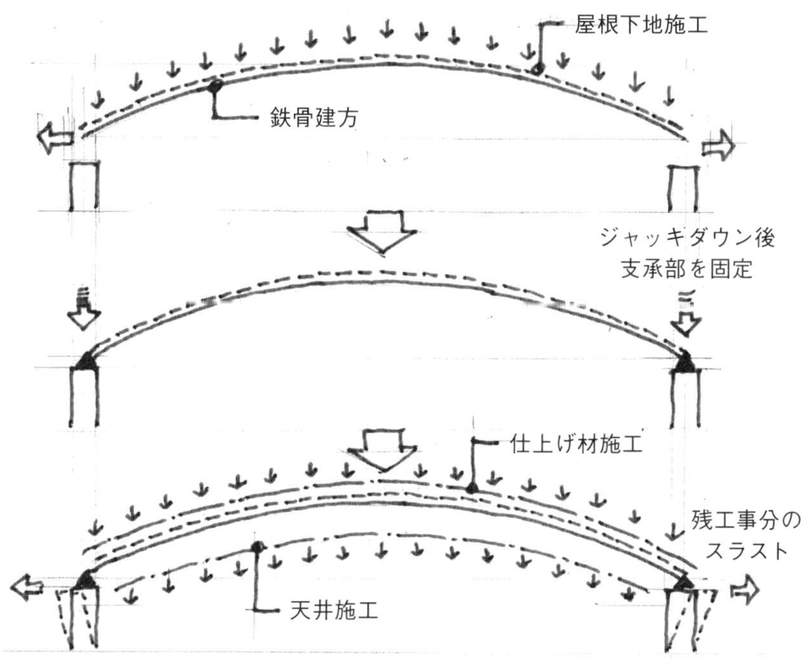

施工途中の支承固定に伴うスラスト力

以上のように、大スパンになるほど設計で想定していた支点条件どおりに施工することが厳しく求められます。ここを間違えると応力のばらつき幅も相当なものになります。大胆に、かつ慎重に設計にチャレンジすることを期待します。

COLUMN

壁は強い

前章のコラムで、これまで震度7地域で建物を2棟設計していたということを書いた。その2棟にどうして被害がなかったのか不思議に思って、震災後に当時の構造計算書を調べたことがある。そうすると、いくつか共通点が見えてきた。要約すると、RC造の耐震壁付きラーメン構造で、耐震スリットを設けておらず、保有水平耐力の余裕度は1.25～1.50である。サンプル数が2つと限られているが、保有水平耐力に余裕があることを差し引いても壁（耐震壁）は強いと確信したのである。それが証拠に、壁式構造の共同住宅を耐震診断しても耐震性能が不足しているという結果を見たことがない。構造耐震指標*Is*が構造耐震判定指標*Iso*の3倍以上有しているものだってある。

構造設計者は、構造計算上のモデル化の煩雑さや部材の応力集中で設計できないなどの理由から、そで壁や垂れ壁といった二次壁に耐震スリットを設ける。偏心を避けて耐震壁になり得る無開口壁すらスリットを入れたりもする。建築デザイナーもまた、壁を設けたがらない。設計方針でも「視認性」や「フレキシビリティ」の文字が並ぶ。双方が壁を避けるから、どうしても純ラーメン架構が多くなる。

壁が強いということは何も耐力的なメリットばかりではない。大地震時の建物の変形を抑えることができる。純ラーメン架構に比べると残留変形の心配がない。内外装や天井材などの非構造部材は、躯体の変形に追従しきれなくなって落下や破損が生じる。つまり、壁を設けることは非構造部材の被害を軽減することと同義語だと考えている。

ホワイトはブラックがあってこそ生きてくる。オープンにする部分は、クローズする部分があってこそ際立つ。「壁は強い」ということを再認識して、もっと壁を建築デザインに取り込んでも良いのではないだろうか。

第3章

細部のカタチにこだわるための構造的解決法

1. 柱を細く

柱を細く見せたい。そう言って建築デザイナーが頻繁に相談にやって来ます。かつて一人だけ「柱なんて多少大きくなっても邪魔にならんのだよ」と言い切った人がいましたが、建築デザイナーにもそういう人がいたのかと意外に思うぐらい、柱を細くしたいと皆が考えているような気がします。構造設計をしていると、床を支える柱の重要性をいやというほど痛感します。ですので正直なところ、また柱をいじめにやってきたかと内心思ったりすることがあります。

細柱の設計事例（宮武慎一撮影、筆者角度補正処理）

柱を細くする方法は明確です。応力を減らす、ただそれだけです。応力を減らした分だけサイズが小さくなります。ただ、先ほども述べましたが、柱は床を支えるという重要な役割を担っています。つまり、軸（方向）力が作用します。これは避けることができません。軸力を小さくするには、床の負担面積を減らすのが効果的で、それだけ柱の本数が増えます。

設計では、柱の本数（スパン）とサイズのバランスで決めていくことになります。

柱に生じる応力としては、軸力以外に曲げモーメントとせん断力があります。曲げモーメントを負担させると断面効率が落ちるので、柱サイズはどうしても大きくなります。1章で解説したように、地震や台風などの水平荷重に対して抵抗できる別の要素、すなわち耐震壁（またはブレース）を設け、対象とする柱に曲げモーメントを作用させない工夫が必要になります。

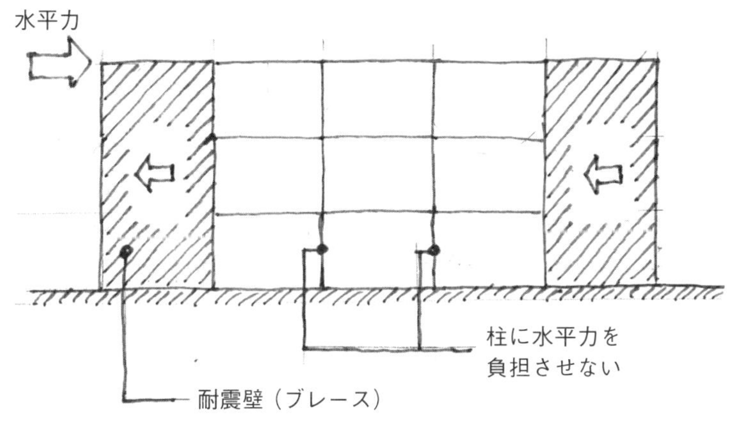

柱に曲げモーメントを負担させない工夫

このほかに、架構全体の地震荷重時応力を減らすものとして免震構造があります。鉛直荷重時応力は免震構造の恩恵を受けませんが、免震化によって各階の層せん断力がおおよそ半分になるので、地震時応力が支配的な柱であれば、断面のスリム化を図ることができます。

また、1スパン架構のRC造で、スパンが大きいような場合、部材の自重が長期応力に占める割合が大きくなり、長期応力が支配的になることがあります。このような場合は、大ばりにプレストレスを与えて長期荷重をキャンセルし、応力を減らすことを考えます。

耐震構造
免震構造
（地震力が半減）

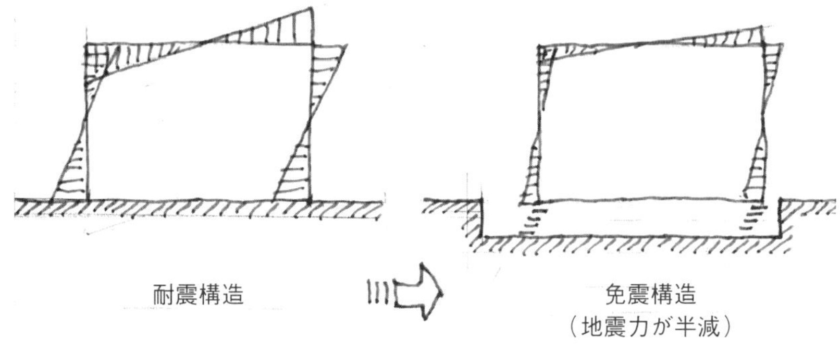

免震化の恩恵

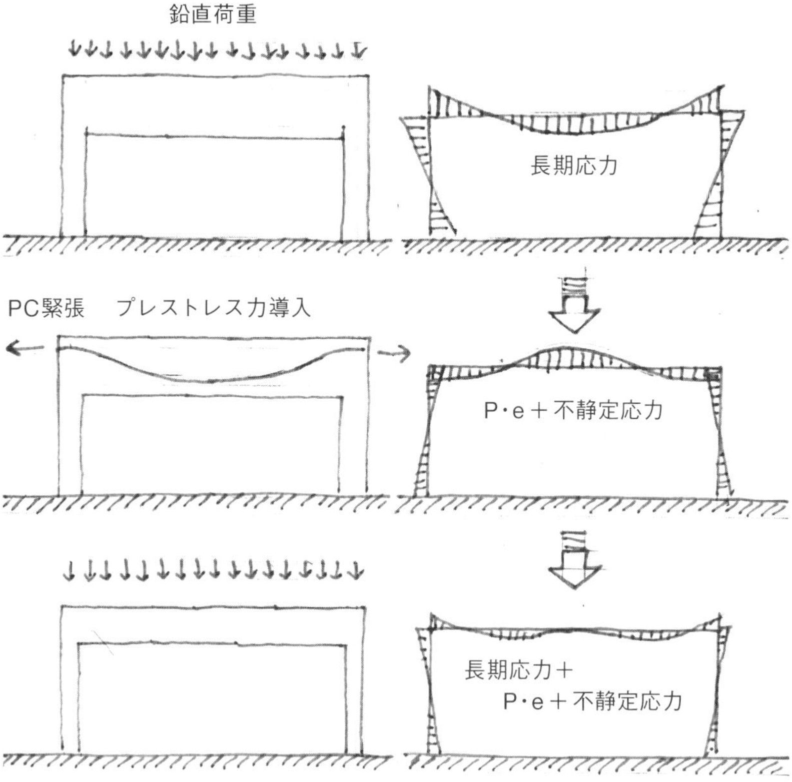

鉛直荷重
長期応力
PC緊張　プレストレス力導入
P･e＋不静定応力
長期応力＋
P･e＋不静定応力

プレストレスによる応力キャンセル

一方、とくに細柱には避けて通れない問題があります。それは座屈です。柱に荷重（圧縮力）を作用させていくと、ある荷重で急に面外に大変形を起こすもので、避けなければいけないものです。細い部材の座屈を扱うオイラー座屈荷重は

$$Pcr = \frac{\pi^2 EI}{L^2}$$

ただし、E：部材のヤング係数

I：部材の断面二次モーメント

L：座屈長さ

で表されますが、この式から部材剛性を意味していることがわかります。

できるだけ細い部材を使おうとする以上、この部材剛性を増すことができないので、座屈長さを短くすることを考える必要があります。具体的には、次図から以下の3点を盛り込むのが良いと思います。

① 水平移動を拘束する

② 柱頭柱脚の固定度を上げる

③ 柱長さを短くする

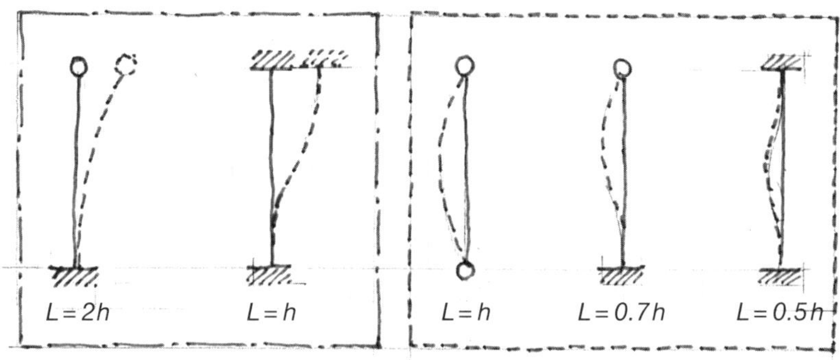

h：材長

単純な支持条件をもつ座屈長さ比較

①の水平移動については、耐力壁（またはブレース）を設けて水平剛性を確保することにより解決できます。②の柱頭柱脚の固定度を上げる点については、はりや床スラブなどに剛接合すれば解決します。ただし、③の柱長さを短くするということについては階高を下げるということに等しく、階高は室用途で決まるものなので難しいかもしれません。

座屈問題を回避するには、柱に圧縮力ではなく、引張力が作用するようにもっていけば解決します。その代表例が吊柱です。力の流れとしては、直接下方に流れるのではなく、いったん上方を迂回することになります。この設計事例については、次章の「建築デザインに自由度を与える」で紹介しているので参考にしてください。

また、特殊な事例ですが、施工時にプレストレスを与え、特定の柱に圧縮力を作用させないようにする方法もあります。設計上圧縮になることがなければ、圧縮抵抗が期待できない鉄筋やフラットバーも使え、一見ひものような部材がはりを支えているような緊張感を与えることもできます。片持ちばりを例にした施工手順は次のとおりです。どうしてプレストレス力が入るのかは、頭の中でイメージすると直感で理解できると思います。

① 最大荷重に対するたわみを求める。

② はりにたわみ量に相当するむくりをつけて製作する

③ 設計荷重と同じ重さの錘（おもり）を載せてはりをたわませる

④ 柱をはりと床に固定する

⑤ はりの錘を除去する

→たわんでいたはりが元の状態に戻ろうとする

→柱が引張状態になる

⑥ はりに荷重が作用しても最大荷重まで座屈しない

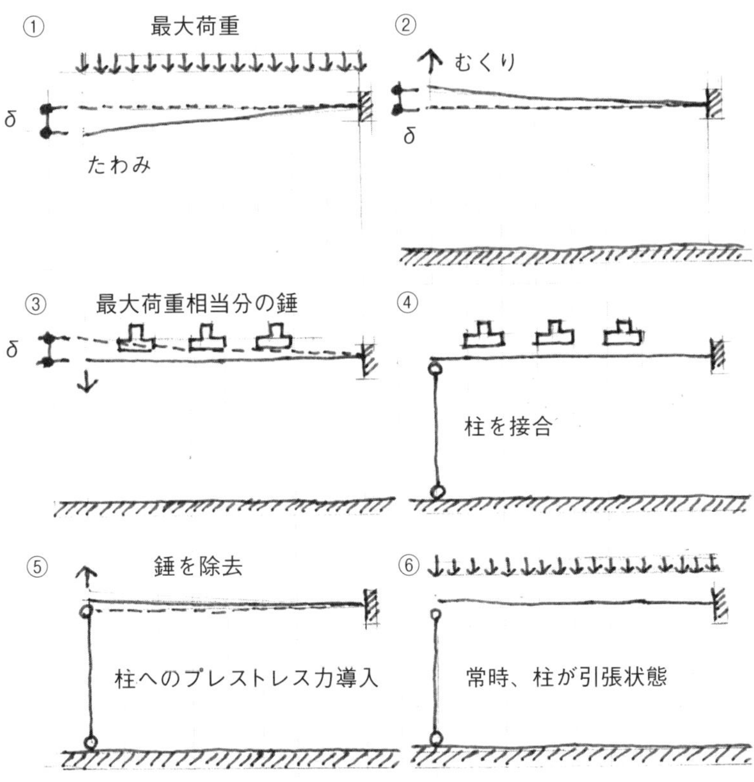

柱にプレストレスを与える手順

以上をまとめると、構造的解決法としては次のようになります。

構造的解決法

1. 柱に曲げモーメントやせん断力を作用させない
2. 柱に圧縮力を作用させない
3. 柱の固定度を上げる
4. （免震化などにより）水平荷重を低減させる

2. 柱を丸く

先ほどの柱を細くしたいという相談はあっても、柱を丸くしたいという相談はありません。建築デザイナーが丸柱にしたいと思えば、CAD上で丸柱を描けばできてしまうからです。それは構造設計者が納まりを考えているからですが、そこにどういう制約があって、どのようにディテールを処理しているかについて解説します。

一口に丸柱と言っても、鉄筋コンクリート造の柱と鋼管柱では仕口部の納め方が変わってきます。それを構造種別ごとに説明していきましょう。

① RC造

基本的に正方形の柱であるが、特定階の一部の柱だけ丸柱にしたいという場合は、正方形の対角線を直径とする円形の柱を増打ちで対処するのがもっとも簡単です。上階からの柱主筋を通すことができるので納まり上の問題は生じません。ただ、正方形に外接する円になると、結構断面が大きくなるので、それがいやだという場合は、初めから全階にわたって丸柱を通すのが良いでしょう。他の階は間仕切壁の取り合い上、正方形が良いという場合は、同様に増打ちすれば解決します。

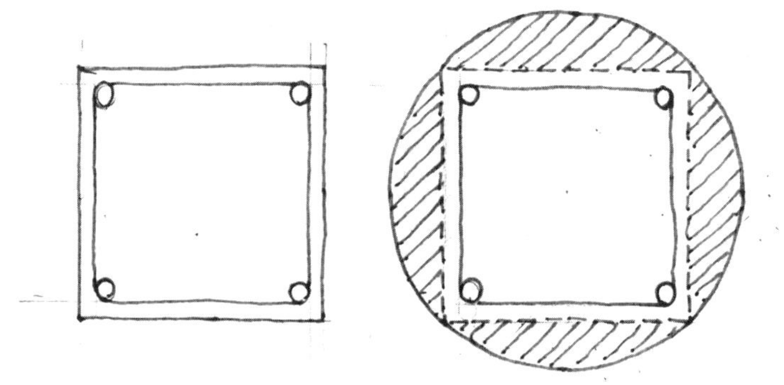

増打ちで対応する

もともと円形断面は方向性をもたないので、それにふさわしい使い方をしたほうが合理的です。たとえば、大ばりが直交軸で交差する場合は、はりがどこに来ようと矩形断面の柱とはうまく取り合います。円形の柱でも取り合うことは取り合いますが、柱主筋とはり主筋の干渉を避けるには、はり芯を柱芯に揃えることが基本です。ただし、柱径とはり幅が同じだと干渉するので、柱サイズははり幅との関係を考慮しながら決めていく必要があります。

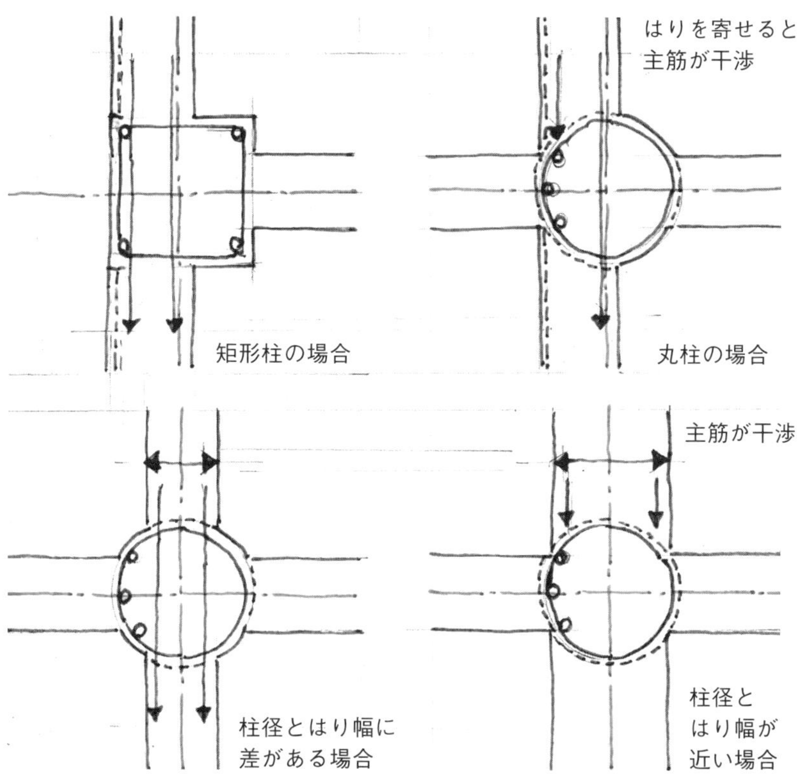

鉄筋の納まりから決まるはりの寄りとはり幅

また、任意の軸をもつ複数の大ばりが丸柱にとりつく場合、柱サイズによっては大ばり同士が重なり合うことがあります。この場合も柱サイズを変えてやるか、構造的に問題なければどちらかの大ばりを間引くかといった方法を取ることが求められます。

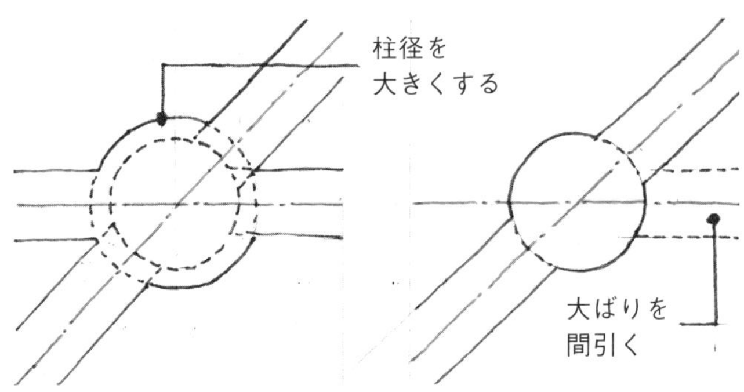

任意の軸をもつ丸柱と大ばりとの取合い

② S造

S造の場合は、RC造に比べたら問題が少ないと言えます。大ばり同士が重なっても、ダイアフラムの形状を工夫すれば解決します。あとは、応力の大きさによって鋼管のサイズを決めれば良いということになります。

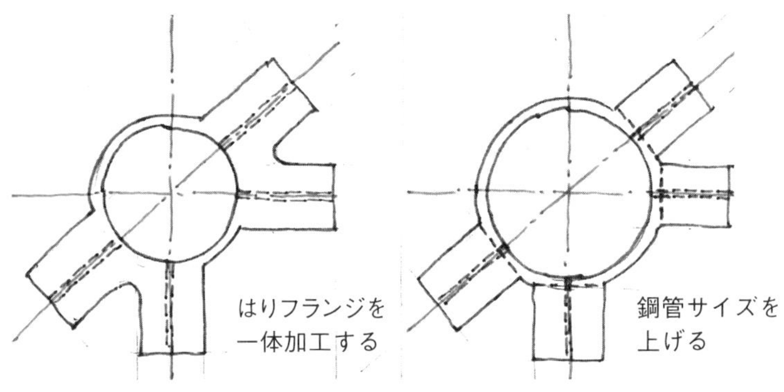

任意の軸をもつ鋼管の仕口部の納め方

ところで、先ほど丸柱と大ばりの主筋が干渉するという話をしましたが、同様のことが杭についても言えます。1本杭の場合、杭径と基礎ばりの幅に差がなかったり基礎ばりが片方に寄っている場合、基礎ばりの主筋と杭頭補強筋や柱脚のアンカーボルトが干渉することがあります。これは構造設計者が解決すべき問題ですが、これに限らずどんな建築材料もある大きさをもつ以上、干渉の問題は避けて通れません。

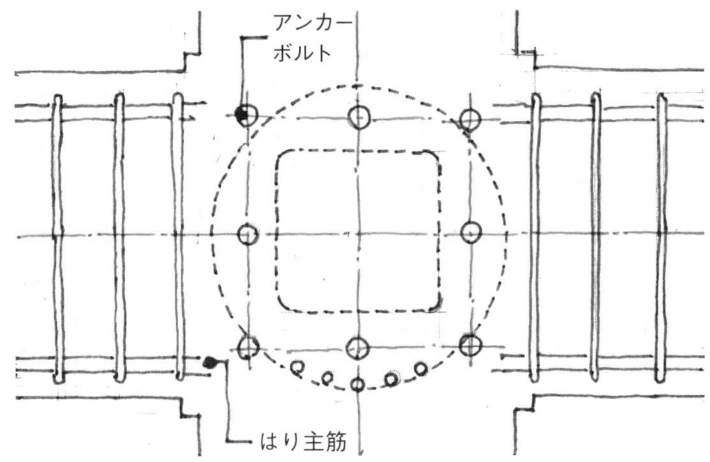

杭頭補強筋と基礎ばりとの取合い

以上をまとめると、構造的解決法としては次のようになります。

構造的解決法

1. 増打ちで対応する
2. 丸柱にする場合、柱芯とはり芯を揃える
3. はり同士が干渉：柱を大きくするかはりを間引く（RC造）
4. はり同士が干渉：柱サイズまたは仕口部を変える（S造）

3.　部材を傾ける

たとえば柱を傾けた場合にどういうことが起こるかと言うと、鉛直荷重によってさらに柱が倒れようとします。すると、架構全体はそれを引き戻そうとする抵抗力が作用し、つりあい状態にもっていこうとします。また、水平荷重に対しては、突っ張ろうというブレース効果（引張力、圧縮力）が生じます。このように、柱を傾けただけで架構システムに影響が及びます。

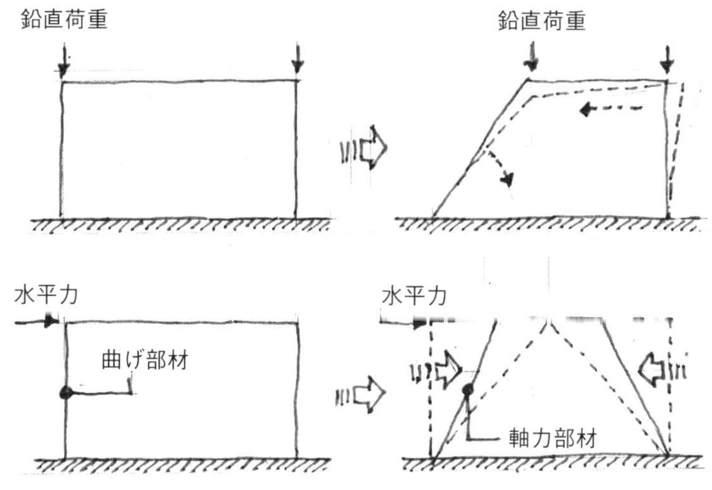

柱を傾けた後をイメージする

設計で柱を傾けるということはそう頻繁にはありませんが、どこで角度をもたせるかを念頭において計画を進めることが大事です。部材同士を水平方向、鉛直方向を問わず直交させるのが簡単で、その場合は接合部以外の位置で部材に角度をつける工夫が必要になります。次図を見ると感覚的に理解できると思いますが、柱は折れ曲がろうとし、偏心曲げモーメントが付加されます。また、ハンチばりや折ればりの場合も角度が急変する位置で応力がつりあわなくなるので、それに見合う処置を施す必要があります。S造の場合は、角度がつく部位にダイアフラムやスチフナーを設けるのに対して、RC造の場合は、主筋を拘束するためのフープやスターラップを二重巻きにするなどの構造的な対応が必要となります。勾配屋根を支持する鉄骨ばりの場合は、その勾配の程度によって仕上げ材のレベル調整が必要になることもあります。

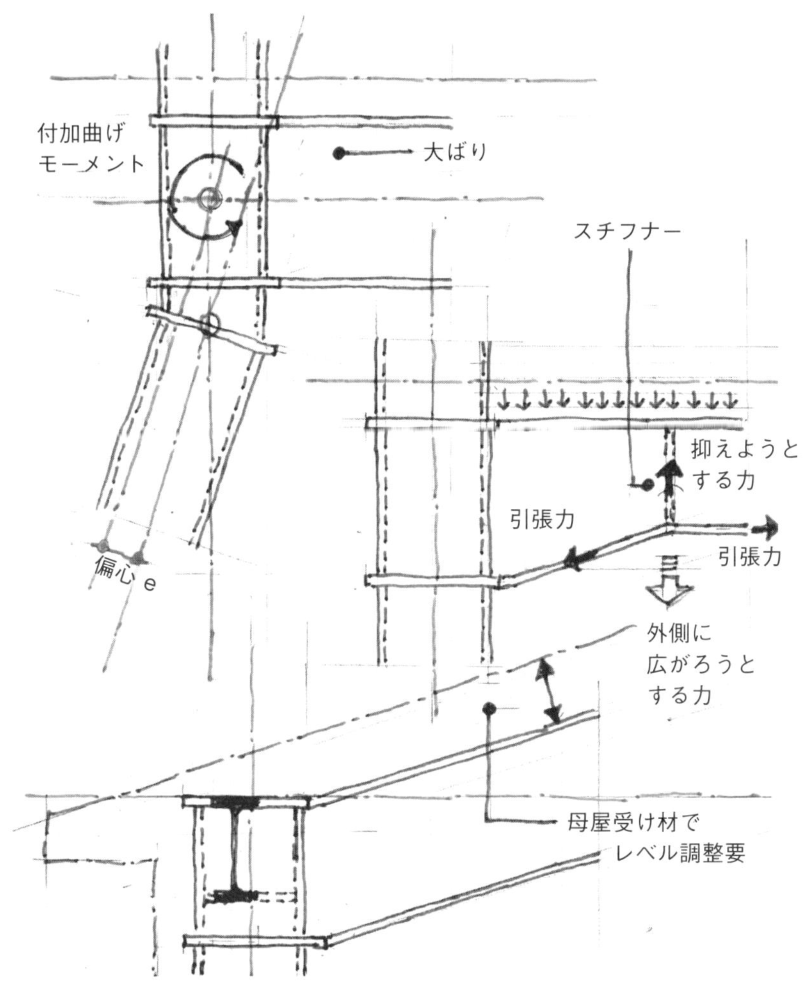

角度がつく部材の付加応力や納まり

ここからは架構全体に視点を移し、いくつかの事例を取り上げます。

① 柱をブレース化する

斜材だけで構成するファサードデザイン事例を時々見かけるようになりました。柱にブレースを兼用させると言うべきか、ブレースに柱を兼用させると言うべきか迷うところですが、通常イメージする柱部材とは異なり軸力が支配的であることから、繊細なサイズの部材で構成できるメリットがあります。しかし、地震に抵抗するブレースの破壊が荷重支持能力の喪失につながる可能性があるので、設計では十分な構造検討が必要です。

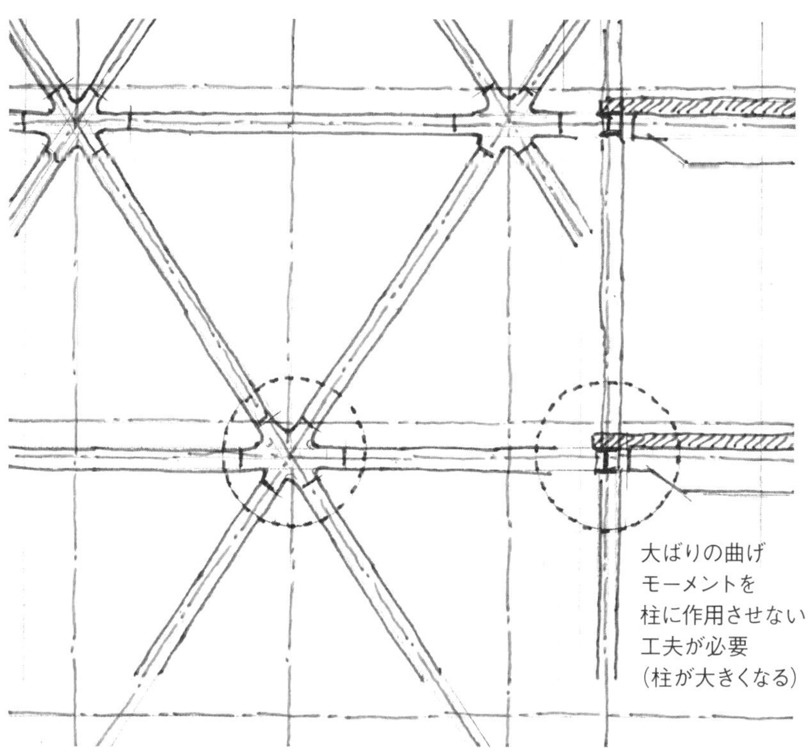

斜材だけで構成するファサードデザイン

② スパンを乗り換える

2章の「タテに積む」でも解説しましたが、複合用途を積層する高層ビルを計画する時、用途によりスパンが異なることから1～2層分の階高を利用して上下階の柱をトラスで一体化させ、スパンを乗り換えることをよくやります。とくに超高層ビルの場合は曲げ変形が卓越するので、それを抑える目的で中間階にベルトトラス、最上階にハットトラスを設け、その階を機械室等に利用しています。

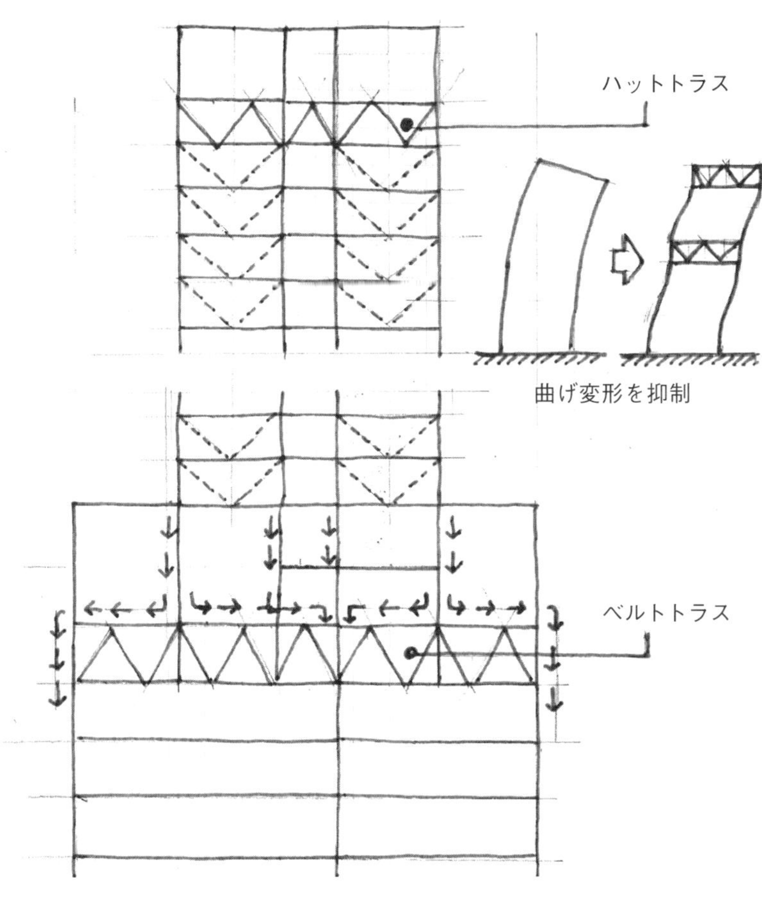

高層建物のトラス活用事例

③ 地上部を有効利用する

地下階を有する既存建物を解体撤去して改築することがあります。その場合、コストを考えると地下壁を山留として利用するのが得策ですが、その内側に新規に躯体を設けると既存壁の分だけ建築面積が減ってしまいます。しかし、地上部でできるだけ大きく建築面積を確保したいという要求が当然出てきます。その場合、既存地下壁を活かし、かつ柱を既存建物と同じ位置に設けるという相反する与条件に対して、地下1階の上部で柱にテーパーをつけることにより解決した事例を示します。

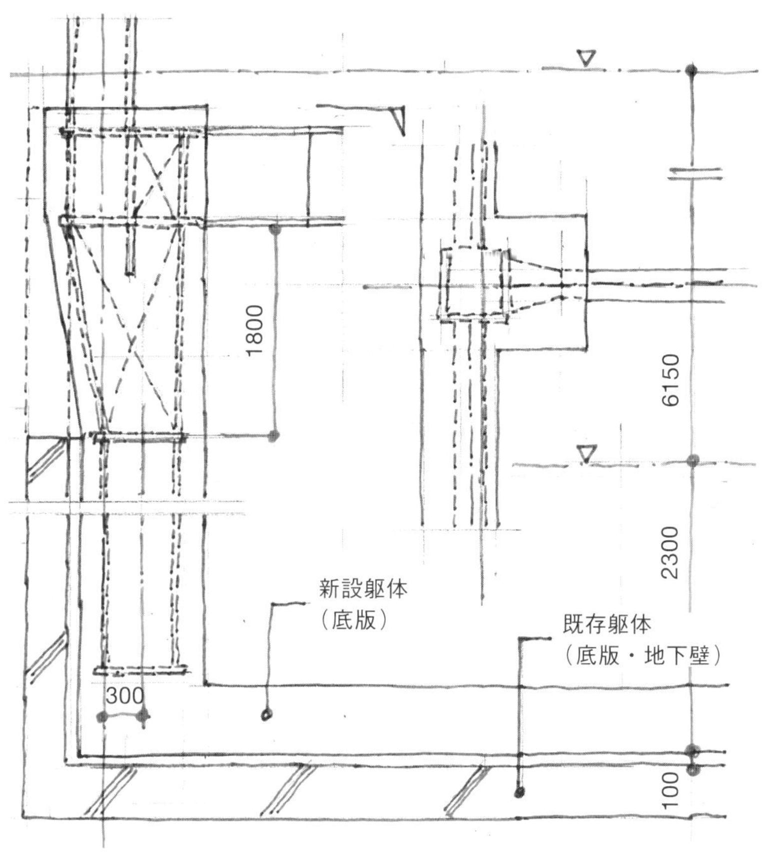

既存躯体を利用しつつ元の建築面積を確保する

既存建物を解体撤去してその上に改築する場合、こうした架構上の工夫だけでなく、施工上の工夫も必要になります。既存地下壁、底版を残す場合、水位が高いところでは浮力の問題が生じます。そのため、浮力に抵抗できる重量に見合う階まで解体したあと、解体をいったん停止し、底版にアースアンカーを打設して浮き上がり防止対策を講じた後、地下躯体の解体、躯体の新設を行っています。

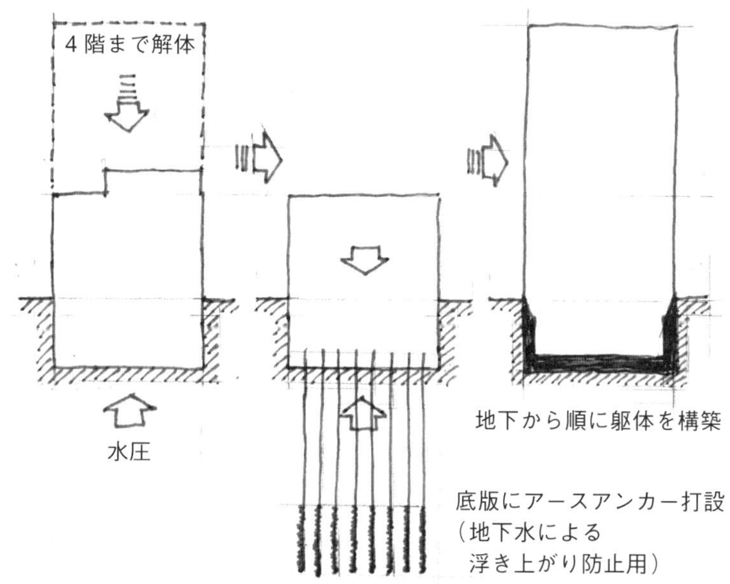

以上をまとめると、構造的解決法としては次のようになります。

構造的解決法

1. 部材接合部を避けた近傍で角度をつける
2. 構造補強を適宜行う
3. 仕上げ材との納まりの調整を二次鉄骨で行う

4.　大ばりをなくす

ラーメン架構における大ばりの役割は、それに取りついている床スラブの荷重を受けて柱に伝達させることと、地震や風荷重などの水平荷重に対して抵抗することです。単純に考えると、その大ばりをなくすには、床スラブの荷重を直接柱に流すと同時に、水平荷重を別の何かにすべて負担させれば良いということになります。壁式構造がその典型例ですが、低層の集合住宅では多く採用されているものの、どうしても建物用途が限定されてしまいます。

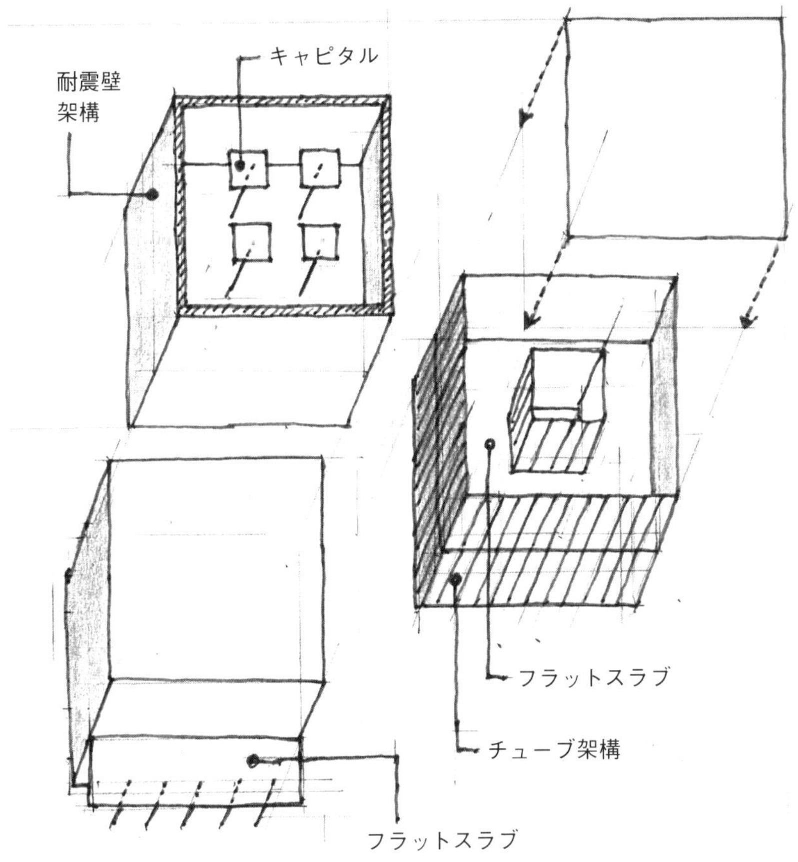

大ばりをなくす（間引く）架構システムの概念図

壁式構造のメリットは、まず耐震性能がきわめて高いことです。当然、その名が示すとおり壁の多い建物であり、旧耐震基準で設計された壁式構造の建物を耐震診断しても「NG」になった事例に出会ったことがありません。また、室内に柱型やはり型が出てこないので室内がすっきりし、間仕切り壁の納まりも良くなります。型枠にかかるコストも抑えられます。ただ、リフォームなどで開口部を広げようとしたり、壁の一部を撤去して広く使おうとしても制約が生じます。

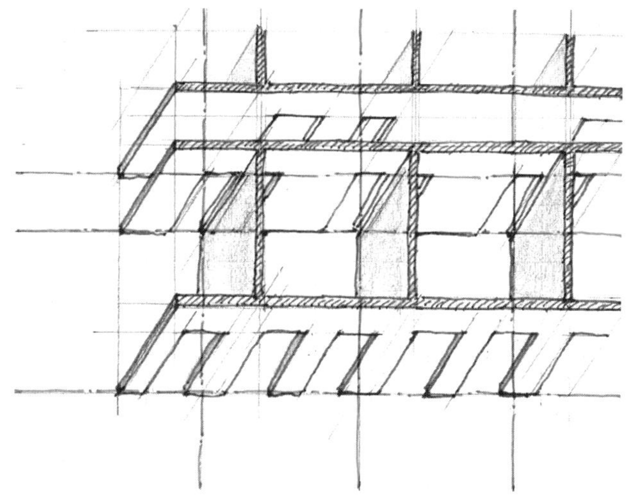

壁式構造

十分な耐力壁を配置できる場合、剛性の高い床スラブ（フラットスラブ）を柱で直接支え、外周部に配置した耐震壁に水平荷重をすべて負担させる構造システムもあります。柱にはキャピタルがつくこともあります。この架構形式は、外壁にほとんど窓開口を要しない倉庫建物に採用されることが多く、柱スパンや床の積載荷重の大きさによってはスラブ筋の代わりに高強度なPC鋼線を配線したり、自重の軽量化を図るためにボイドスラブを併用することもあります。

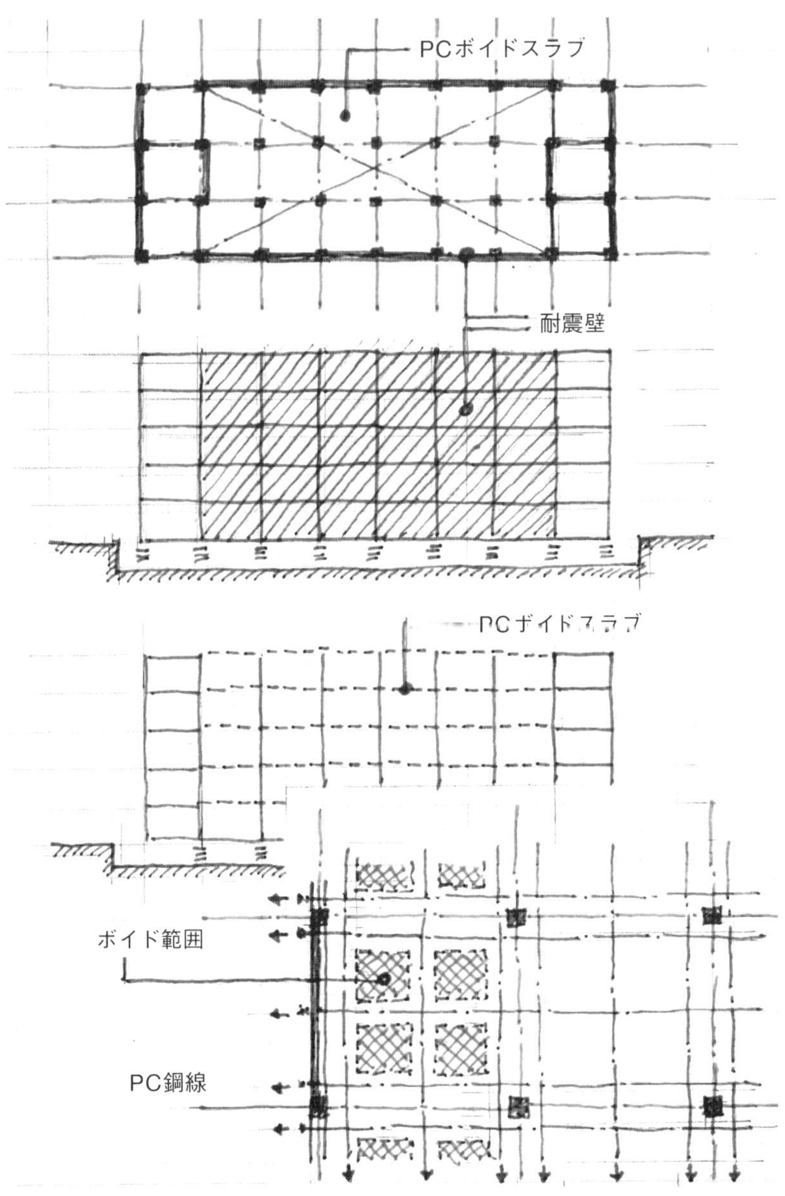

フラットスラブ＋壁式構造＋免震の事例

建物全体に採用しなくても部分的に取り入れるだけならハードルが低くなります。次図は、ファサードの縦ルーバーの一部に角形鋼管柱を仕込んでフラットスラブを受け、下階のはりで支持させた事例です。

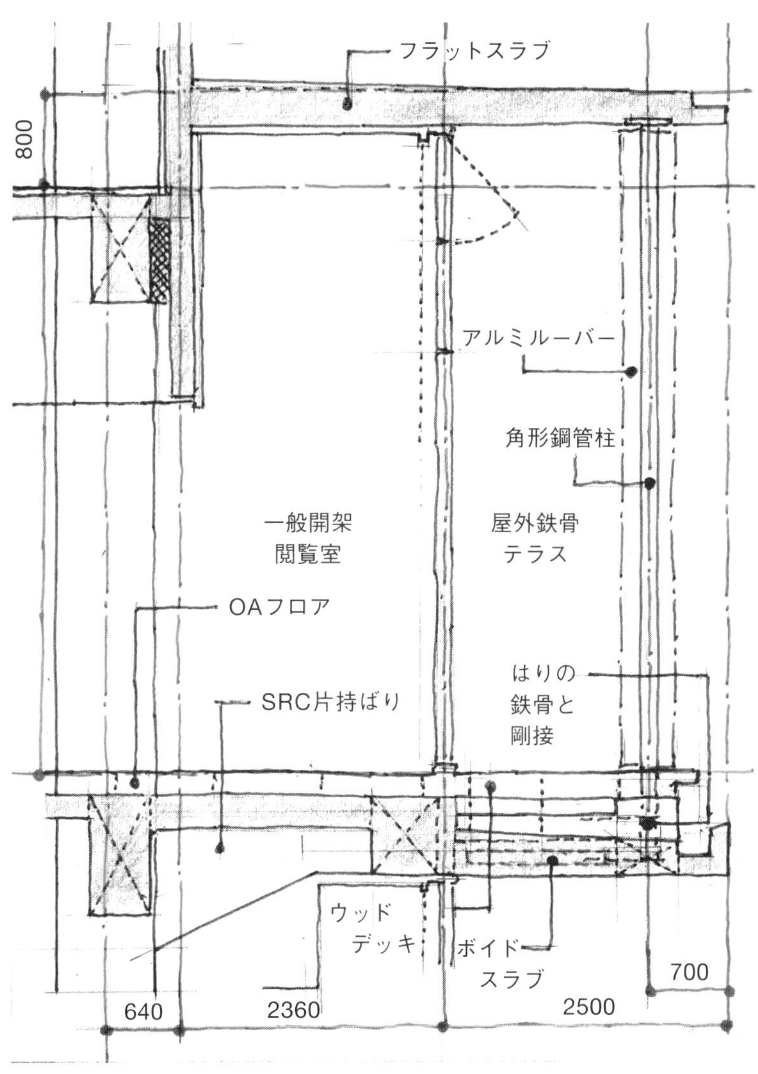

構造軸組スケッチ

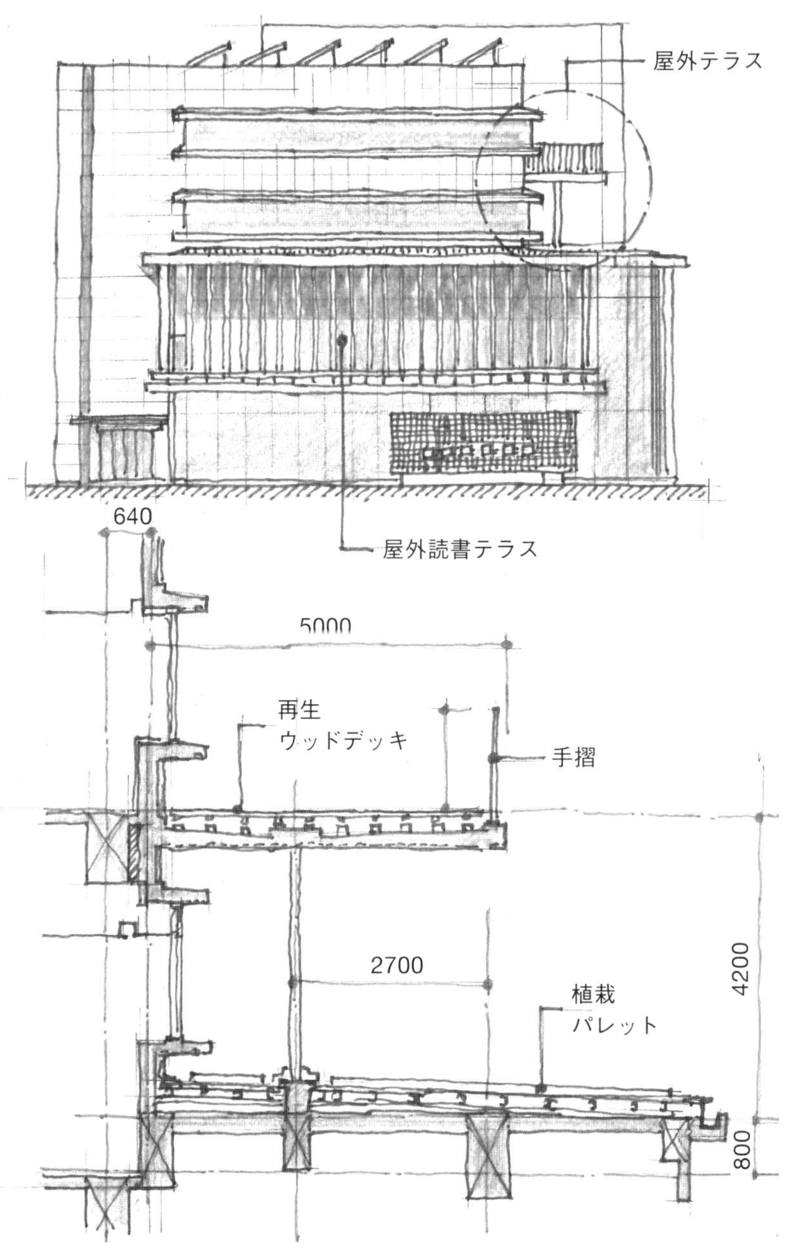

フラットスラブ＋鋼管柱

最後は、両妻側の耐力壁に水平荷重を100％負担させ、ある図書館の閲覧室上部の大ばりをなくしてPC床版を並べた事例です。第4章「ブラウン管TVをそのまま形に」でも述べていますが、フラットスラブではなく、はり要素としてのT型のPC床版を敷き詰めることにより天井の均質化を図っています。

閲覧室を見る

以上をまとめると、構造的解決法としては次のようになります。

構造的解決法

1. 床荷重を直接柱に流し、水平荷重を大ばりに負担させない
2. フラットスラブを直接柱で支持させる
3. 部分的であれば建物本体に水平荷重を負担させる

5. 小ばりをなくす

小ばりをなくす（間引く）方法は、床スラブの断面性能を上げてやることです。小ばりは元々床スラブを分割したり、壁などの荷重を直接受けたりするために設けるものです。RC造建物の場合は、過大なたわみや不快な振動が生じない目安として約25m^{2}ごとに、またS造の建物の場合であれば、デッキプレートを架けるために3mピッチで小ばりを配置する[2)]のが基本です。

天井を設けない場合とか、設備配管のおさまりを考えると、小ばりはないほうがすっきりします。ただしS造の場合は、小ばりが大ばりの横座屈補剛も兼ねているので、別途構造的な配慮が必要になります。

① スラブ厚を上げる

RC造スラブの厚さは150mmが標準ですが、スラブ厚さを増して断面性能を上げれば、小ばりの本数を減らすことができます。次図の例では、小ばりを架ける向きを変えるとスラブの短辺方向のスパンがさほど大きくならずスラブを厚くする必要がなくなりますが、小ばりのスパン（すなわち応力やはりせい）が大きくなります。小ばりの向きについては、設備配管ルートも考慮しながら決める必要があります。

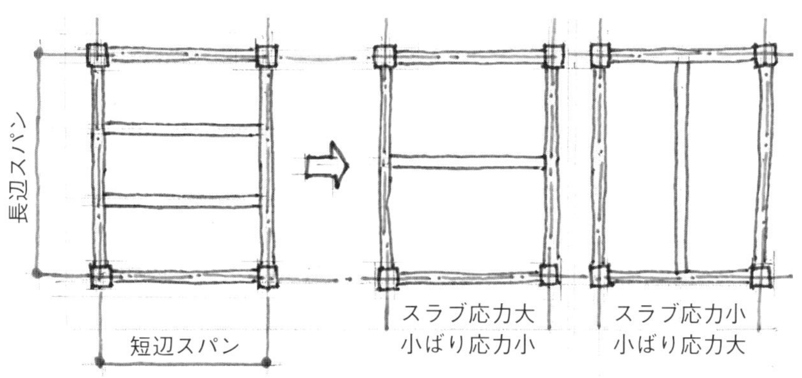

スラブ厚を上げるか、小ばりを減らすか

ボイドスラブは、中空スラブとも呼ばれ、コンクリート断面内に空洞を有するスラブです。中空部分の形状の違い（円柱、直方体、球形など）やその配置によっていろいろなタイプがあります。標準スパンは8m～12m、厚さはスパンの1/30程度が目安です。

ボイドスラブには方向性があり、応力の伝達方向によって一方向と二方向スラブに分類できます。空洞部分を除いたコンクリート部分がそれぞれはりの役目を果たして荷重を両側の支持端に伝達させます。また、応力の大きさによってはPC鋼線を併用することもあります。

とくに共同住宅では、住戸内の間仕切り壁を自由にレイアウトすることを考えると、はり型のない方が納まりが良く、小ばり付きの150mm厚のスラブと比較しても遮音性能に優れているので、共同住宅などでよく使われます。

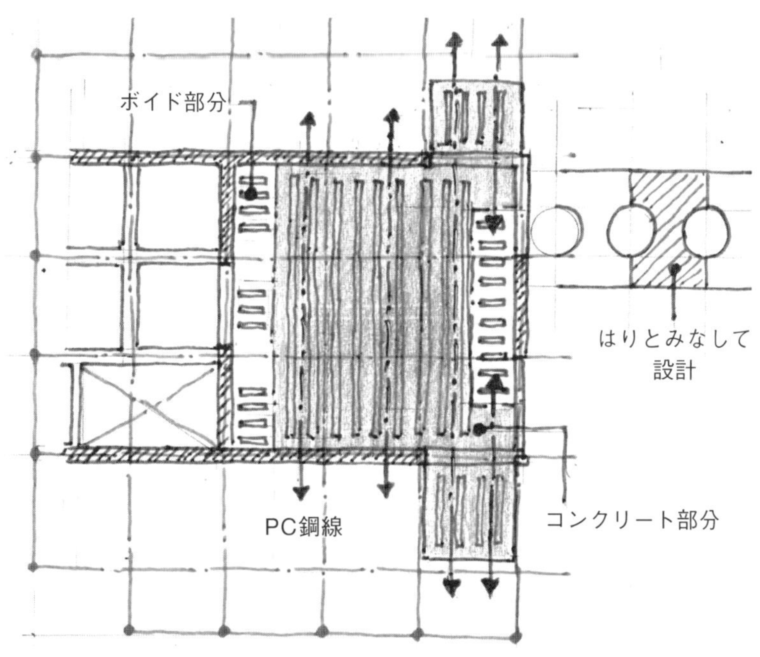

ボイドスラブの配置例

② T型床版

T型床版は、スラブ全体を厚くするのではなく、リブを1ないし2本設けてはり状にして断面性能を確保するものです。リブ内にPC鋼線を配線し、通常は現場打コンクリート（トップコンクリート）との合成床版として、また金属屋根程度の荷重であれば、単体で用いることもあります。これについては、本章「7. リブを見せる」で詳述します。

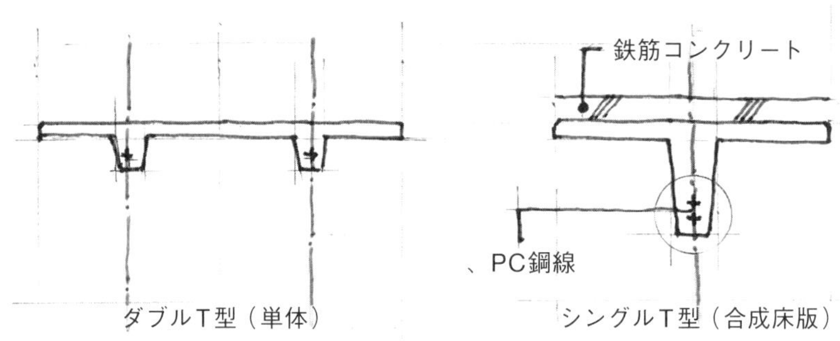

T形床版のタイプ

③ 複合床工法

広義の意味での合成床版は、複数の材料を組み合わせたスラブのことです。S造建物によく用いられる合成床版は、デッキプレートと現場打ちコンクリートの組合せですし、土木の橋りょうなどでよく使われている合成床版は、鋼板または形鋼とコンクリートとの組合せで、それぞれが一体になって荷重に抵抗するように考えられた床版です。

スパンクリートとトップコンクリートの組合せも多く使われています。スパンクリートは、コンクリート断面内に中空孔を有する工業製品で、PC鋼線を用いてプレストレストを付与されたパネルです。外壁や床版に用いられ、薄くて軽く、かつ高強度であることから、スパンを飛ばすことができます。許容スパンはトップコンクリート厚と積載荷重の大きさによって変わります。目安としては最大10mぐらいまで、適正スパンは5～6mぐらいと考えておけば良いと思います。また、パネルの幅は1000mmと1200mmの2種類あります。

スパンクリートだけでもかなりの積載荷重に耐えられるので、これらを敷設してしまえばその日から施工の作業床として使え、自走式高所作業車を走らせることができます。したがって､施工上のメリットも大きいので、積層工法に向いていると言えます。

スパンクリートの敷設状況[14]（(株)ピーエス三菱提供）

以上をまとめると、構造的解決法としては次のようになります。

構造的解決法

1. 床版の断面性能を上げることが基本
2. ボイドスラブ、T形床版、複合床工法を採用する
3. S造の場合は、大ばりの横座屈に対する配慮が必要

6.　はりせいを抑える

はりせいを抑えたいという要望は建築デザイナーからよく出されます。それには、単純にはりに生じる応力を減らすか、断面形状を変えればよいわけで、次のようなことが考えられます。

① スパンを小さくする

はりの応力は、鉛直荷重に対してスパンの（1～）2乗、たわみはスパンの（3～）4乗で効いてきます。例えばスパンを20mから2mずつ減らしていくと次図のように応力や変位が小さくなります。室用途によってスパンが決まることが多いのですが、わずか2mでも応力やたわみに与える影響が大きいことは理解しておくべきでしょう。また、地震などの水平荷重時応力は、スパンが小さくなって柱本数が増えると、それに反比例して柱のせん断力が減り、同時にはりの応力も減ります。

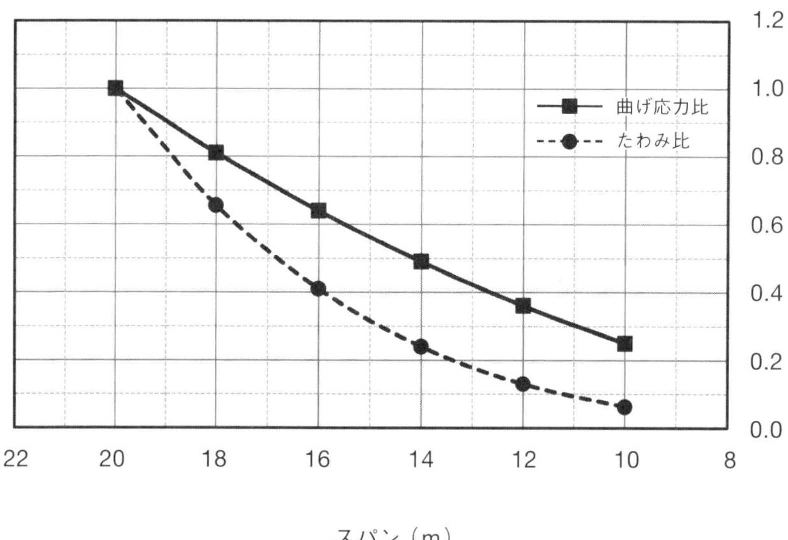

はりの曲げモーメントとたわみ比（20mスパンを基準）

応力の大きさがそのままはりせいに比例するわけではありませんが、はりせいが計画上の決定因子になるのであれば、スパンの再検討も視野に入れることが必要となります。

② 耐震壁（ブレース）を設ける

もう一つ、応力を減らす方法として、耐震壁（ブレース）を設ける方法があります。これは地震などの水平荷重に対してしか有効ではありませんが、たいてい地震荷重で断面が決まるので、スパンを変えたくない時には検討してみる価値があります。耐震壁に地震荷重をすべて負担させることができれば、計画しだいではりをなくすことも可能です。ただし、耐震壁の配置にあたっては、建物全体がねじれたり、あるいは特定の階の剛性が極端に低いことのないよう、平面的にも立面的にもバランス良く配置することが重要です。また、構造設計上の問題になりますが、耐震壁を中途半端に入れると、構造特性係数（Ds）が上がって必要保有水平耐力が増し、かえって部材断面が大きくなる場合もあります。耐震壁を入れるなら中途半端を避けた方が無難です。

③ はりを扁平にする

スパンなどを変更できず、はりの応力が変わらない場合、はりせいを下げてその代わりにはり幅を増やして対応する方法があります。矩形断面の断面性能（Z）や断面二次モーメント（I）を一定とした場合、簡単な構造力学の公式から､はりせい（D）が2乗や3乗で効くのに比べてはり幅（B）は1乗でしか効かず、効率が悪いことがわかります。

$$Z = \frac{B \times D^2}{6}$$

$$I = \frac{B \times D^3}{12}$$

はりの許容曲げモーメントは、つりあい鉄筋比以下の場合、次式で表すことができます。はりせい、すなわちはりの応力中心間距離を小さくするとそれに反比例して鉄筋本数が増し、鉄筋を並べるだけのはり幅が必要になります。

$$M_a = a_t \times f_t \times j$$

a_t：主筋の断面積の合計

f_t：主筋の許容引張応力度

j：はりの応力中心間距離

また、許容せん断力に対しては、断面積が等しくなるようにはり幅を決めれば良いので、せい900mm、幅450mmをもつはりの場合、せいを700mmにするなら幅は600mmと考えれば良いでしょう。ただし、変更後の断面についてたわみの指標となる断面二次モーメントを計算すると、元の断面の63％の性能しかなくなります。元々はりのたわみが小さいRCばりならさほど問題はありませんが、たわみで部材断面が決まることの多い鉄骨ばりの場合は、断面性能（Z）だけでなく、断面二次モーメント（I）の双方とも等価な断面を選択する必要があります。

④ PCばりにする

これはRCばりについて言えることですが、はりせいの目安はスパンの1/10が基本です。建築の世界では7.2 mスパンまたはその倍数を採用することが多いのですが、たとえば14.4mスパンをRCばりで計画しようとすると、単純にはりせいが1400mmになりますね。そうすると、それだけ階高も高くなるばかりか、はりの応力全体に占める自重の割合も大きくなり、メリットが出ません。このような場合は、RCばりをPCばりにすると良いでしょう。

PCは文字どおり「前もってストレス（緊張力）を与えられたコンクリート」です。具体的には、RC部材断面内にPC鋼線を配線し、それに緊張力（プレストレス力）を与えることによって、荷重による応力をキャンセルさせて断面を小さくします。緊張力の程度にもよりますが、はりせいの目安としては1/12～1/15と考えておけば良いと思います。PCばりは、前述したようにひび割れ抑制に対しても有効な反面、はり貫通径や貫通位置が制限されるのがデメリットです。

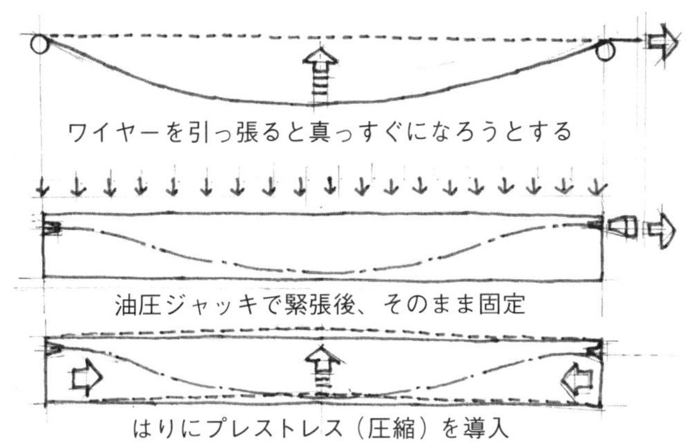

直感で理解するPCの原理

以上をまとめると、構造的解決法としては次のようになります。

構造的解決法

1. 大ばりに生じる応力を減らす
2. スパンを小さく、耐力壁などを設ける
3. はりを扁平にする（ただし効率が悪い）
4. ロングスパンばりをPC化する

7. リブを見せる

ここでは、天井を張らず、床スラブのリブを見せる場合の話をします。天井を張らないと決めた時点で、今まで天井裏にあった照明器具や設備ダクト、電気の配線ラックなどとの取り合いを整理する必要が生じます。リブ自体は、床版と小ばりを兼用したハーフPC床版を並べれば良いのですが、採用モデュール寸法を含めてスパン間のリブのピッチをどう設定するか、PC床版の割付をあらかじめ検討しておかないといけません。また、照明器具をPC版のどこにセットするのかといったことも、設備担当者も含めて打合せしておくことが重要です。

下図の事例では、リブ付きPC床版を食堂棟エントランスの吹抜け部に使用しています。スパン10.8mに対し、幅1800mm、せい750mmのシングルT型床版を採用し、大ばり底面にも同様のリブ型を増し打ちする形でデザインに統一感をもたせています。

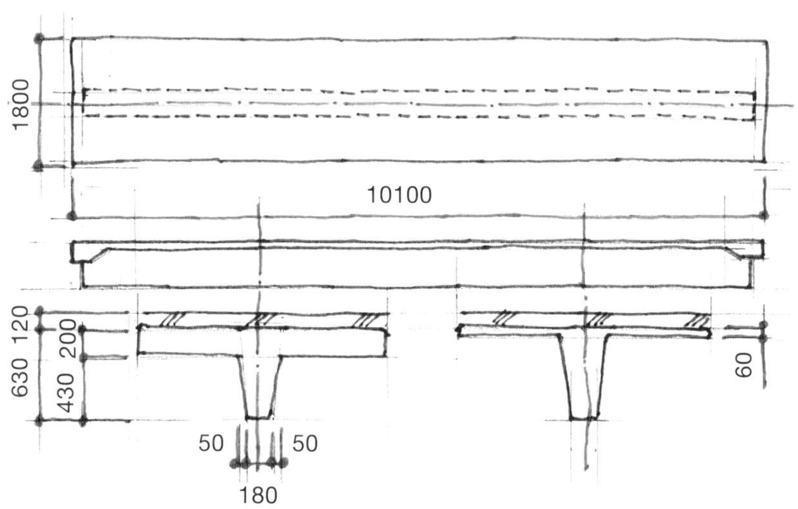

PC床版の断面形状

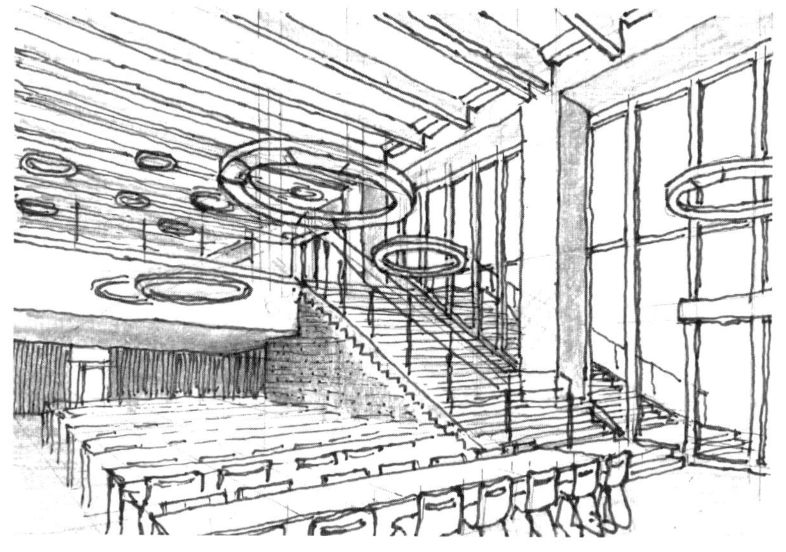

エントランス吹抜け部を見る

次は大学図書館の開架閲覧室に使用した事例です。スパン14.4mに対し、幅1800mm、せい900mmとしています。

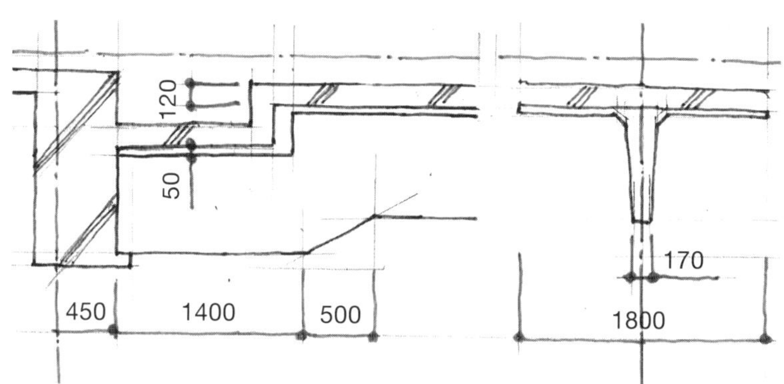

PC床版の断面形状

開架閲覧室を見る

次も公共図書館の開架閲覧室に使用した事例です。スパンは12mで、幅1710mm、せい950mmで、桁方向はスパン8.55mを5分割して割り付け、鉄骨ばりに架けています。

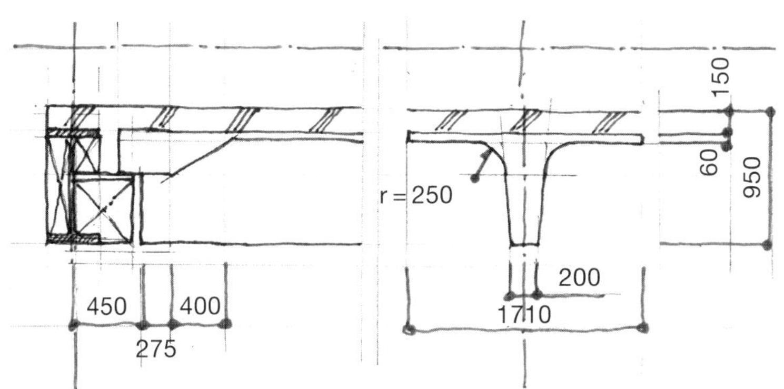

PC床版の断面形状

これらはいずれもトップコンクリートを現場打設して合成床版として使用していますが、現場施工の省力化と躯体の軽量化を図ることを目的として、リブ付きPC床版を単体で使用することもあります。したがって、見せるのが目的ではありません。

最後は、ダブルT型床版を大屋根に採用した事例で、スパン12.0mに対し、幅2400mm、せい300mmとしています。版厚も70mmと薄く、単体で用いると人が乗って飛び跳ねると振動するので、使用部位は限定されます。

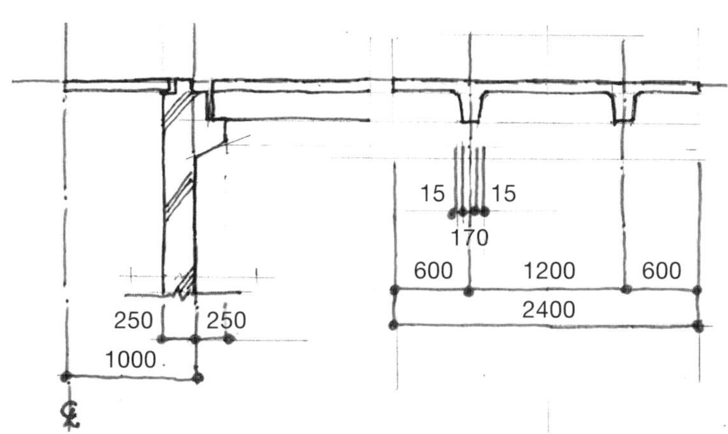

PC床版の断面形状

以上をまとめると、構造的解決法としては次のようになります。

構造的解決法

1. リブ付きPC床版を用いる（10m以上のスパンが可能）
2. 照明器具や設備との調整を要する
3. モデュールに合わせて床版、リブの割付を行う

8. バリアフリー化する

バリアフリー化の原則は、床の仕上げ天端を揃えることです。ところが仕上げ厚さが､部位によって直押さえで10mm増打ちするところもあれば、OAフロアとして高さ100mmを見込むところもあったり、さらには電気室のようにシンダーコンクリートを300mm打設することもあります。意匠的には簡単ですが、構造的には工夫が必要で、構造躯体側でこの仕上げ厚さ分だけレベルを下げる必要があります。

電気室のように用途が限定され、床面積も小さい箇所は、躯体の天端を300mm下げても問題ないのですが、一般には仕上げ厚さによって細かく躯体レベルを変えてしまうと、将来の改修時に諸室の入れ替え等で何かと問題が生じます。しかし、これらはシンプルに考えることで問題がほとんど解消します。そこでまず、床（はり）のレベル差（段差）をつけると、どういう問題が生じるかを整理しておきたいと思います。

①（RC造）はり主筋が通らず、接合部が主筋の定着で混み合う

主筋は、簡単に曲げて精度良く通すことができず、両端の柱に定着させるのが基本です。四方から多数のはり主筋を柱内に定着させると、鉄筋だらけになり、コンクリートの充填性にも支障が出ます。

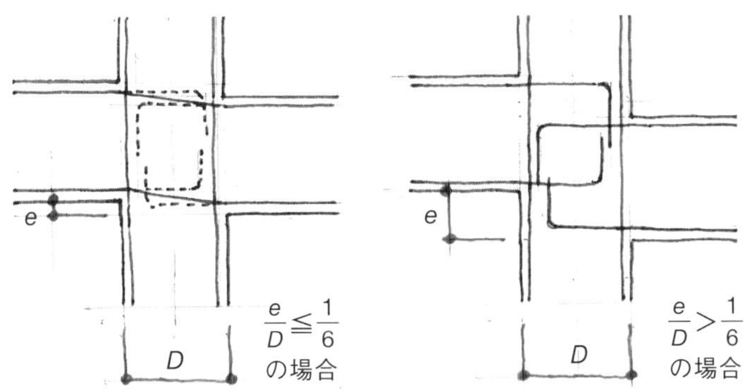

はり主筋が真っすぐ納まらない場合の定着

②（RC造）大ばりと小ばりが取り合わなくなる

大ばりせいと小ばりせいの差以上にレベル差があると、小ばり底が大ばりより下がってしまいます。大ばり下端を増打ちして小ばりの主筋を定着させることはできるのですが、美しくありません。

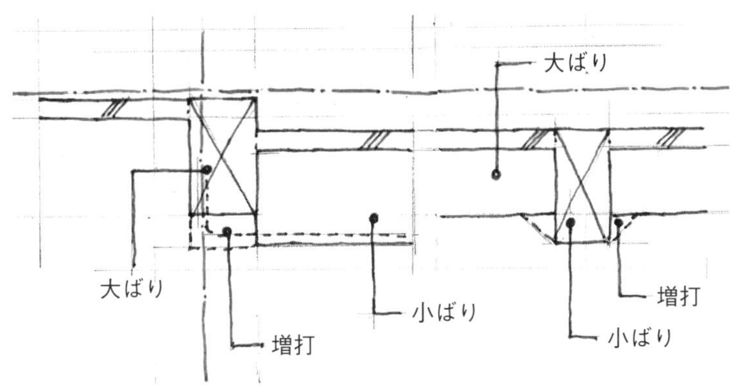

小ばりが大ばりからこぼれる？

③（S造）ダイアフラムの枚数が増える

均等スパンでもない限りサイズ違いのはりが柱に取り付きますが、さらにはりにレベル差が生じると、ダイアフラムの枚数が増えて分断されたコラムの開先機械加工ができず、加工精度、溶接歪みの問題が生じます。

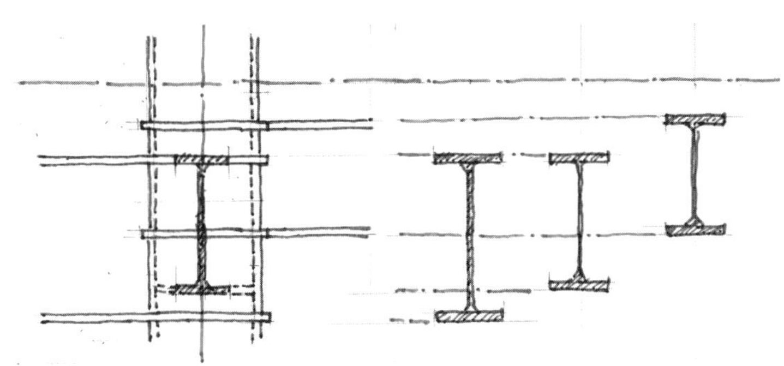

整理不足の仕口部

④（S造）仕口部を製作できない

S造はRC造と比べて簡単にはりのレベル差をつけることができません。なぜなら100mm以下になると仕口部の溶接ができなくなるからです。最低でも150mm、できれば200mmのはりせいの差またはレベル差がほしいところです。

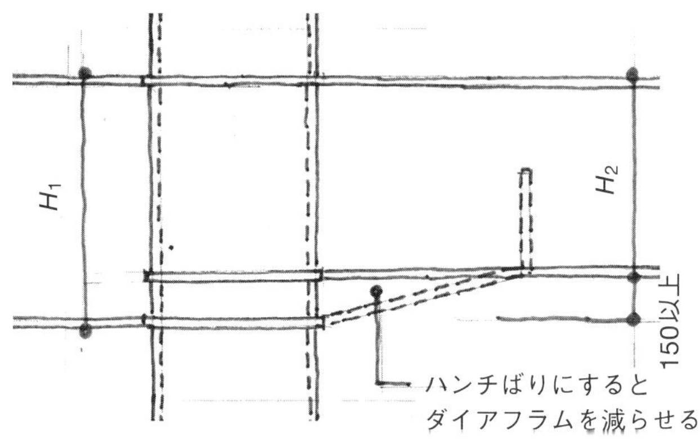

中途半端な段差を設けない

以上の問題について、解決策をいくつか示しておきます。

RC造に関しては、将来の用途変更を考慮し、スラブ天端を極力グルーピングしてそろえることです。この時、床面積の占める割合の大きい部分のはりレベルを基準に考えます。

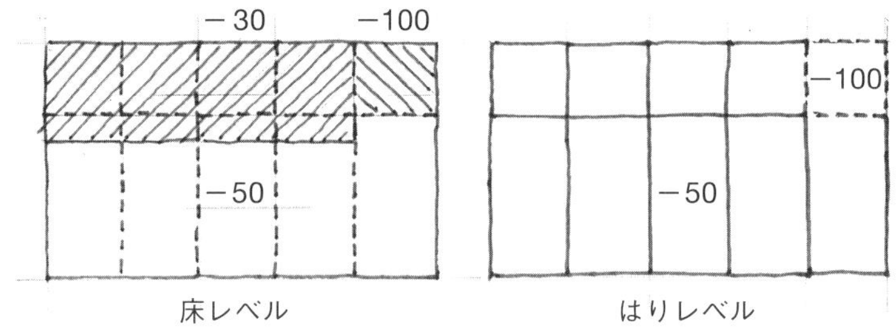

はりレベルのゾーニング例

この時、はり天端をそろえてレベル差をモルタルや増打ちで調整していくと良いと思います。また、部分的な下がり（病室のトイレなど）はスラブだけ下げることを検討します。

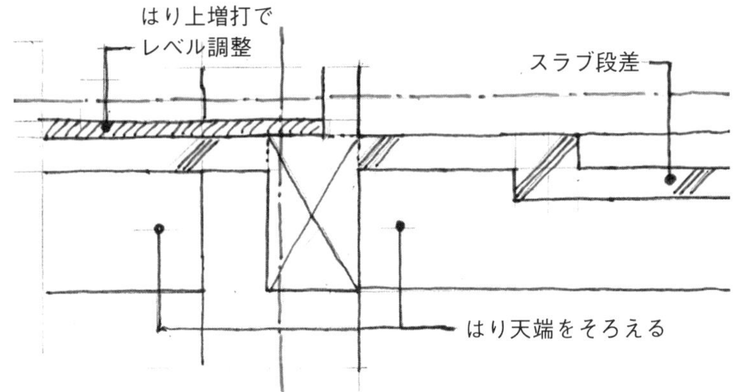

床はりレベルの納め方

S造に関しては、はりせいの種類を極力少なくするとともに、その差を最低150mm取るように部材を決めていきます。その後、はり天端をゾーンごとにグルーピングし、CT（カット・ティ）材等でデッキスラブを受けます。

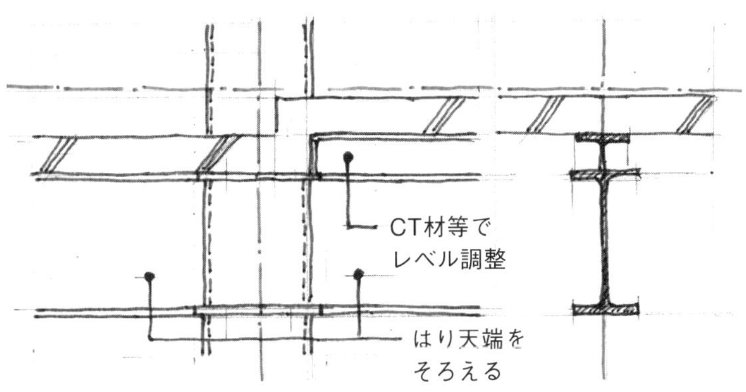

デッキスラブの納まり

さらに、仕口部のダイアフラムの枚数を極力減らすことを考えます。たとえば、折ればりにするとか、ダイアフラムのレベル差が150mm以下になるようであれば大ばりに鉛直ハンチを設けるなどが考えられますが、いずれも部材断面や床仕上げ材が具体的に決まってきた段階で整理しておくことが大事です。

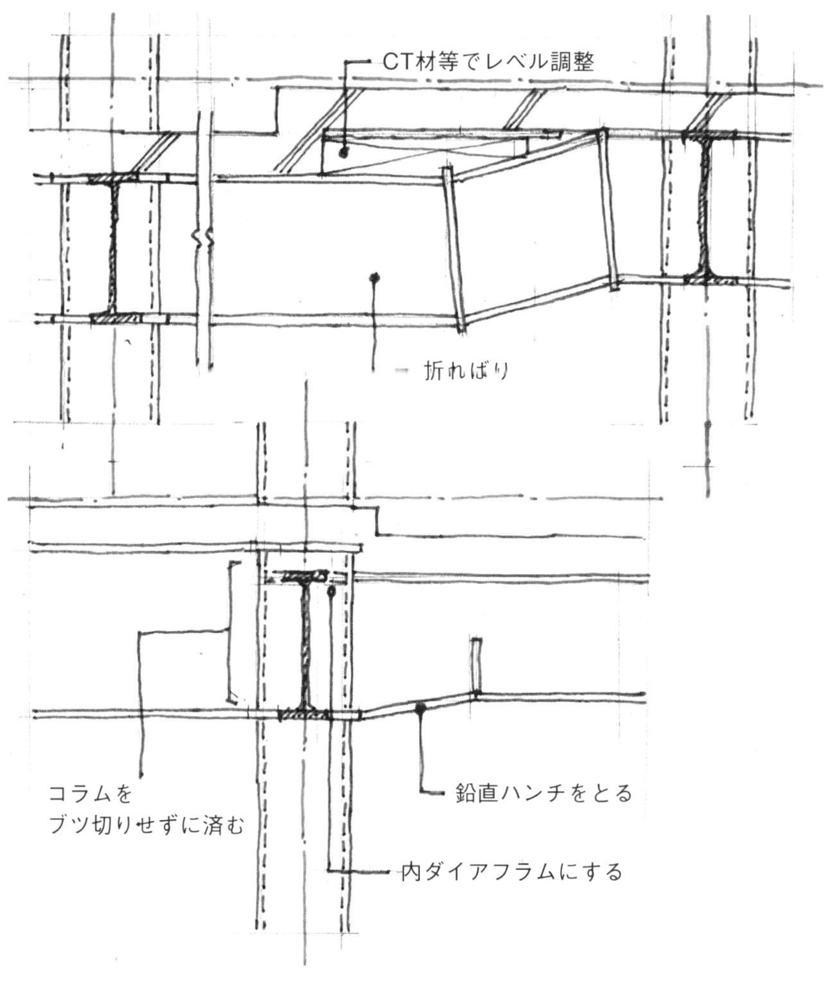

仕口部の簡素化を図る

その他、部分的な下がりは、できるだけ大ばりレベルを変えないよう範囲を決め、スラブと小ばりだけで対応するよう計画します。

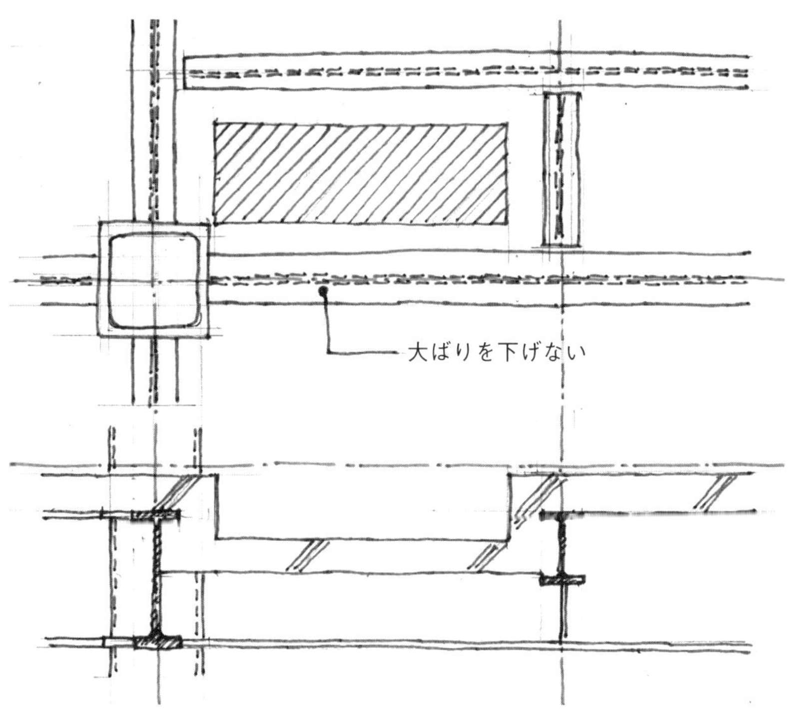

以上をまとめると、構造的解決法としては次のようになります。

構造的解決法

1. はり天端をそろえ、モルタル、補助部材等で対応する
2. 部材断面の種類を極力減らす
3. 仕口部の簡素化を図る

9. 庇を薄く

庇に限らず、バルコニーなどでも水平ラインを強調するために薄く見せるデザインがよく採用されています。庇を薄くみせたいという建築デザイナーは多く、その多くは片持ちばりでなく片持ちスラブのような板状のもので何とかならないかという相談です。

構造力学の視点で考えると、応力とたわみを許容値以内に納める必要があり、片持ち部材の材料強度、張り出し寸法、そして重量でその厚さが決まります。

スラブを含む矩形断面の断面性能（断面係数、断面二次モーメント）は次式で与えられます。

断面係数 $$Z = \frac{B \times D^2}{6}$$

断面二次モーメント $$I = \frac{B \times D^3}{12}$$

B：部材の幅、D：部材せい（厚さ）

これらの式から、部材せいが制限されてしまうと、幅Bをかせぐ必要が出てきます。厚さを1/2にすると、それぞれ4倍、8倍の幅が必要という結果になります。ところが、庇やバルコニーなどは平面と同時に幅が決まってしまうので、別の方法で断面性能の低下をカバーする必要が生じます。とは言え、部材せいは2乗、3乗で効いてくるので、デザイン的に許容できる限界までせいを確保するのがもっとも効果的です。その上で話を続けたいと思います。

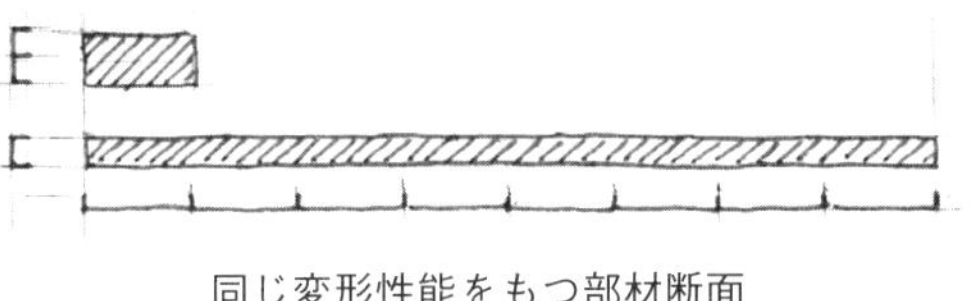

同じ変形性能をもつ部材断面

材料の厚さを変えずに断面性能を上げるには、たとえば庇全体を一つの部材とみなし、曲げたり折ったりしてせいをかせぐ方法があります。当然、バルコニーには適用できませんし、庇でもデザイン的に受け入れられないことも多いでしょうが、逆にこれを積極的に活かすデザインもあって良いと思います。

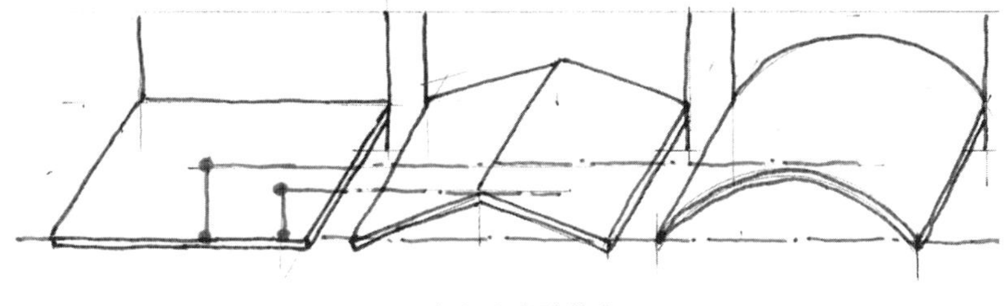

せいをかせぐデザイン

また、断面性能とは別に応力を減らす工夫が必要です。次式よりスパンlを小さくするのがもっとも効いてくるのですが、これも用途上決まってきます。さらに材料が決まればヤング係数Eも一義的に決まるので、あとは荷重項wを小さくしつつ断面性能を確保することを考える必要があります。

応力度　$\sigma = \frac{M}{Z} = \frac{w \times l^2}{2} \times \frac{6}{B \times D^2} = \frac{3wl^2}{BD^2}$

たわみ　$\delta = \frac{w \times l^4}{8EI} = \frac{w \times l^4}{8E} \times \frac{12}{BD^3} = \frac{3wl^4}{2EBD^3}$

庇やバルコニー程度であれば、部材がせん断力で決まることはまずありません。そう考えると、スラブのような面材から曲げ抵抗に寄与しない無駄な部分を省いて軽量化を図ることを考えていけば良いということがわかります。それが中空スラブ構造やハニカム構造です。デッキプレートがわずか75mmのせい、1mm前後の板厚で3mスパンを架けられるという事実からもその理屈が理解できるかと思います。

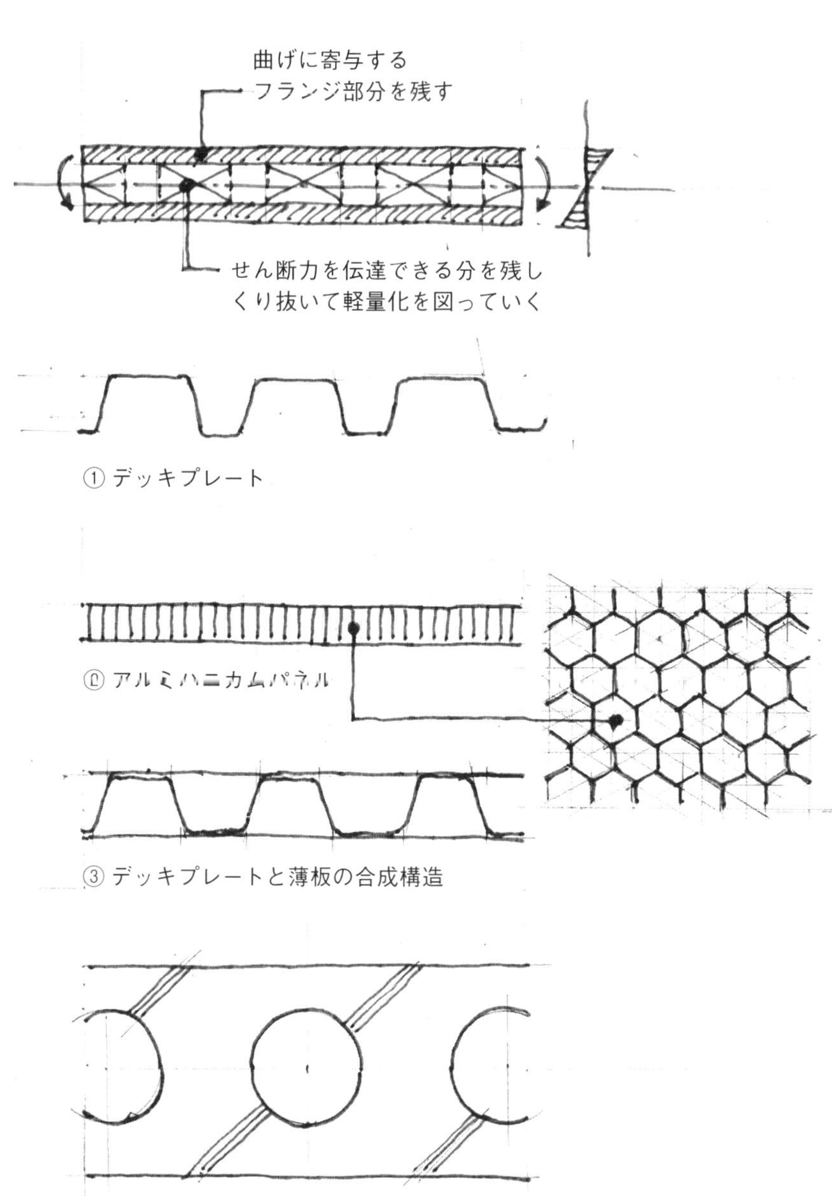

断面の効率化を図りつつ軽量化するスラブ構造

RC造の片持ちスラブの場合は、特別な検討をしない限りクリープ変形など考慮するとスパンの1/10の厚さが必要となります。スパン2mぐらいまでは通常のスラブとし、それ以上ならボイドスラブ（せいは250mm以上を目安)も視野に入れると良いと思います。ボイドスラブであっても、S造に比べると自重が大きいので、さらにプレストレストをかけて長期応力やたわみを減らしたり、片持ちばりと片持ちスラブを併用することもよくやっています。

以上をまとめると、構造的解決法としては次のようになります。

構造的解決法

1. 曲げたり折ったりして庇のせいを稼ぐ デザインを考える
2. 部材の軽量化（躯体のボイド化）を図る
3. 片持ちばりと片持ちスラブを併用する
4. RCスラブをPCスラブにする

10.　アールをつける

何でもかんでもアールをつけてしまうと型枠や加工にコストがかかってしまいます。見えがかりとなる外壁などの構造部材はコストをかけてアールをつける必要がありますが、地中ばりや天井裏に隠れてしまう構造部材については、鉄筋や鉄骨の加工手間を考えて原則として直線部材とします。曲率半径が大きい場合は多角形で近似することもあります。

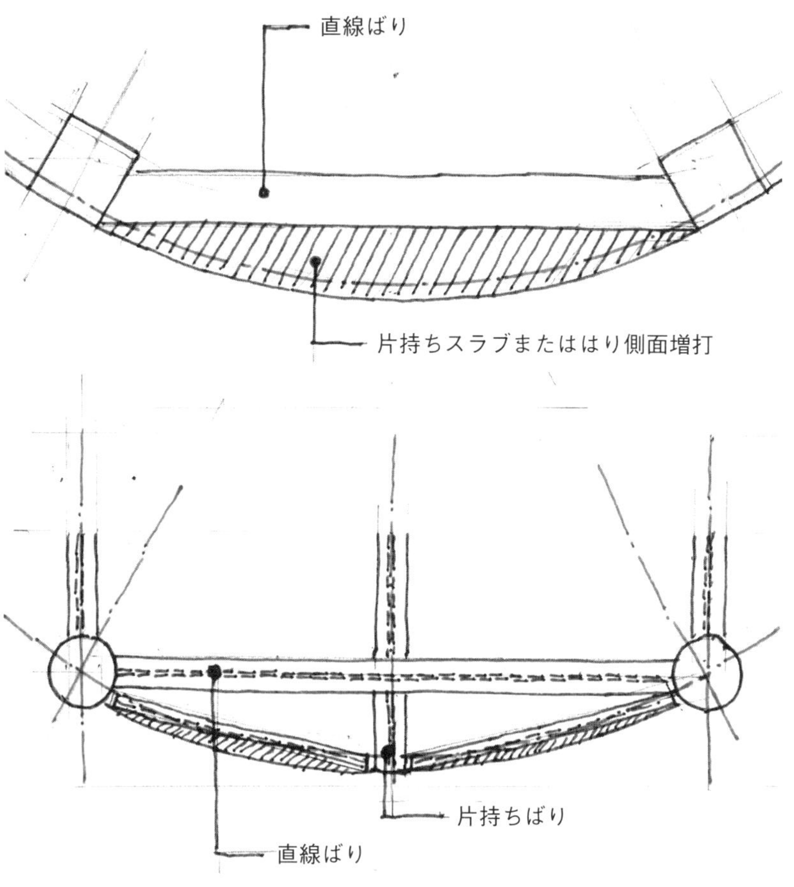

外壁曲面との取合い例

鉄骨の曲げ加工には常温加工と加熱曲げ加工があります。常温加工は、プレス等で外力を加えて強制的に塑性変形させるので歪みが生じますが、加熱曲げ加工の一種である高周波曲げ加工をすれば、鋼管やH形鋼を精度よく曲げ加工することができます。加工する対象が決まった段階で一度鋼材メーカー等に相談してみると良いと思います。

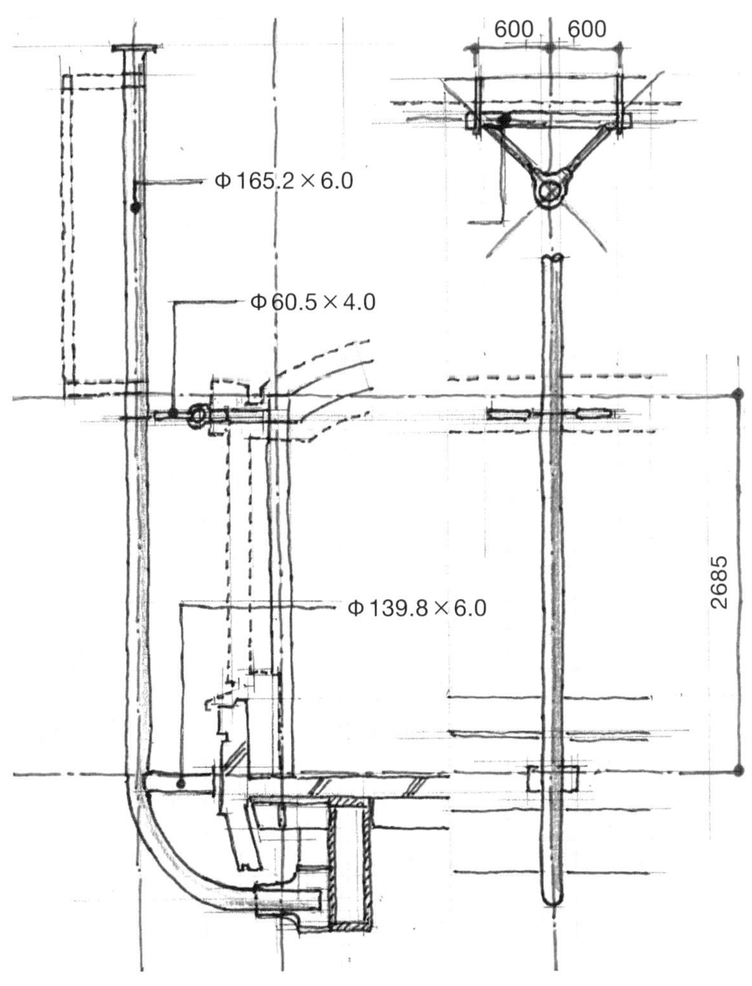

高周波曲げ加工の事例（空港スポット番号表示灯）

また、H形鋼であれば、ビルトH形鋼として曲げ加工したフランジの板材と形状なりに切り取ったウェブを溶接して一体化する方法もあります。ウェブの板取りでは、曲率半径の大きさによっては結構なロスが出ますが、あとは部材サイズと個数しだいで、設計時に高周波曲げ加工とコストを比較して決めれば良いと思います。次の写真は、張弦ばり構造を採用した体育館の事例ですが、ビルトH形鋼として製作し、見えがかりとなる大ばりの下フランジを現場溶接し、外側に裏当て金を出さないセラミックバックアップ材を使用して、溶接後除去しています。

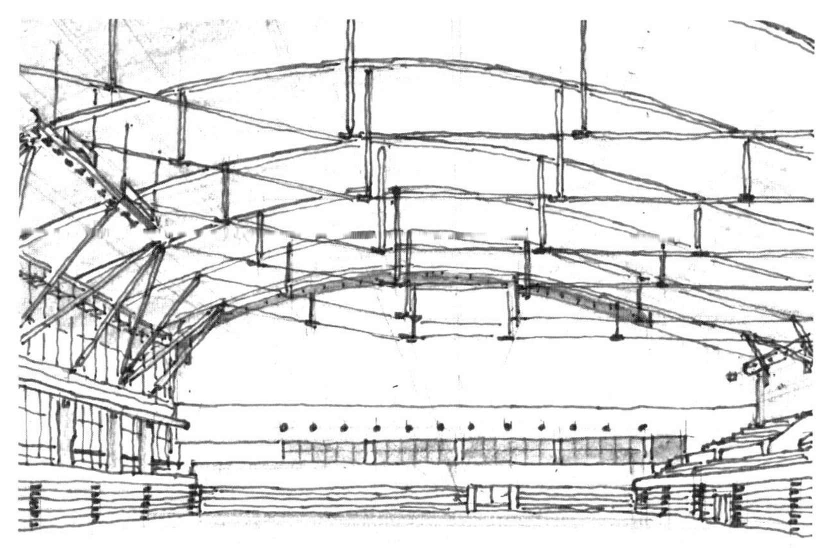

ビルトH形鋼として製作した事例

本題からはずれますが、見えがかりとなる部位の継手部分には細心の注意を払う必要があります。現場溶接であれば裏当て金を除去する必要がありますし、高力ボルト接合であればボルトの頭をどちらに向けるかも図面で指示をしておくと、後でこんなはずではなかったということもなくなります。それから、角形鋼管柱に関して耐火被覆をせず耐火塗料を使用する場合、現場溶接時のエレクションピースをガウジングで完全に除去しておかないと美観を損ねるので、これについても図面で指示することを忘れないようにすると良いでしょう。

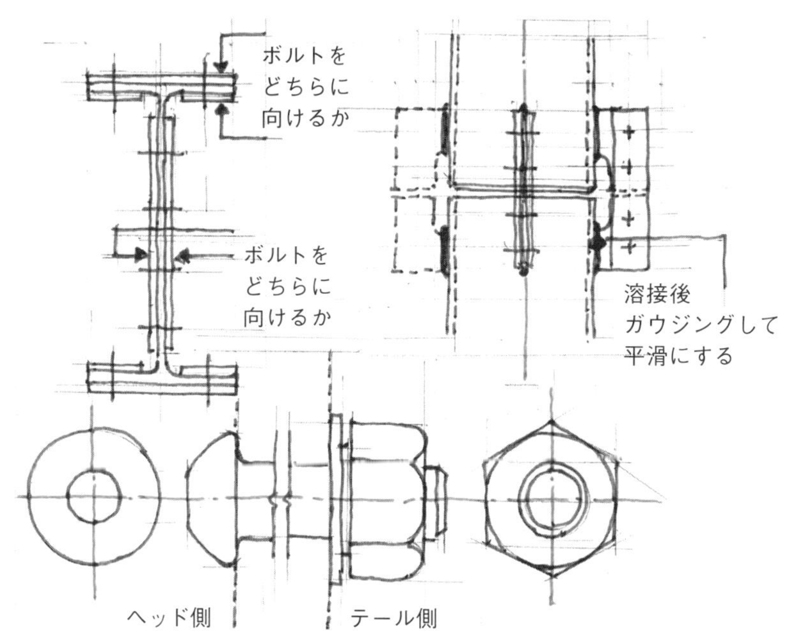

見えがかりとなる継手部の留意事項

以上をまとめると、構造的解決法としては次のようになります。

構造的解決法

1. コストを考えて曲げ加工部材を限定する
2. 高周波曲げ加工は鋼材を精度良く曲げ加工できる
3. H形鋼の場合、ビルトH形鋼として製作する方法もある

11. 階段を浮かす

階段は建築デザイナーがこだわるデザイン要素の一つですね。支点条件で分類すると、片持ちタイプ、2点支持タイプに分かれます。さらに、階段の平面形状もI形、L形、U形、らせん形など種類が豊富です。

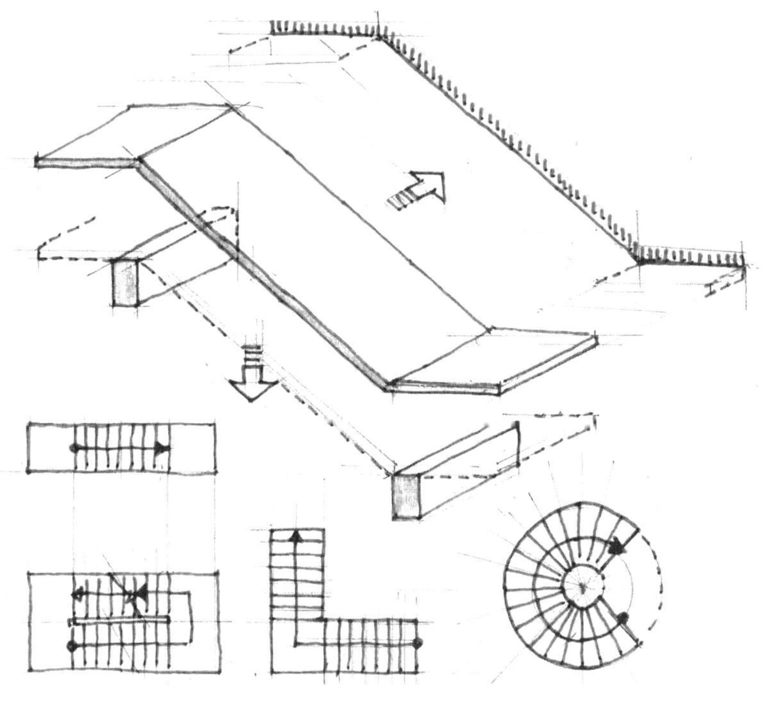

階段のタイプ

片持ちタイプは、段板を壁から直接持ち出すものですが、段板が鉄筋コンクリート造の場合は、各段板を一本の片持ちばりとみなして設計します。段板を受ける壁厚は最低180mmとし、壁の縦筋をD13＠150ダブル以上配筋します。段板を鋼板でつくる場合は、RC壁に曲げ応力を伝達させる鉄骨部材を仕込む必要がありますが、型枠が複雑にならないよう、また壁筋との取合いを検討しておく必要があります。

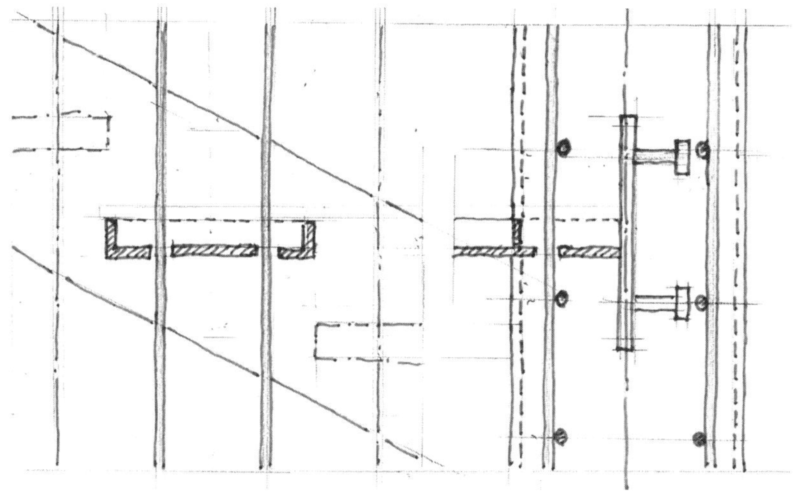

鋼製段板とRC壁との取合い例

いろいろな階段の中でも、浮遊感のある跳ね出し階段を設計したいと思う建築デザイナーは多いように思いますが、跳ね出す方向によって次の2タイプに分かれます。

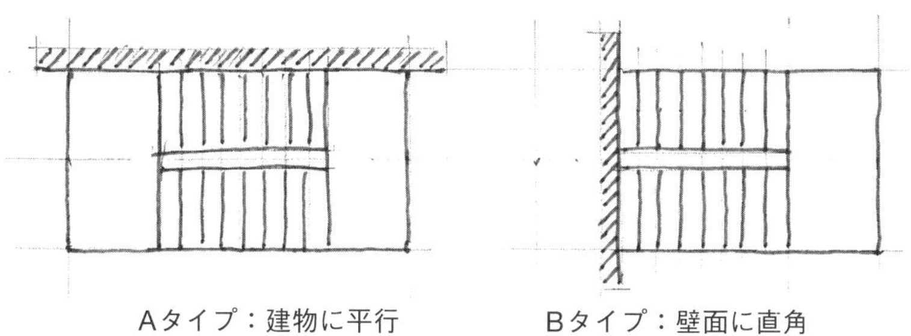

Aタイプ：建物に平行　　Bタイプ：壁面に直角

跳ね出し階段のタイプ

Aタイプは壁との取り合い上、鉄筋コンクリート造になります。これも手計算で解くことができますが、大きくとらえると折板構造と言えます。

また、次の写真にあるような模型を段ボールと厚紙で作り、指で押してみると固さがまったく違うことを実感できます。マクロに見た断面二次モーメントを考えれば理解できることですが、工作にたいした時間を要しないので、この違いを感覚としてもっておくと良いと思います。

片持ちスラブと折板スラブの固さ体感模型

跳ね出し階段の設計に関する論文[4)~6)]は、1951年に武藤清先生ほかによって発表されており、決して新しい技術ではありません。構造力学に興味のある方は、この論文を参考に手計算にトライしてみてはいかがでしょうか。応力解析プログラムを用いて解くより、得るものは大きいと思います。

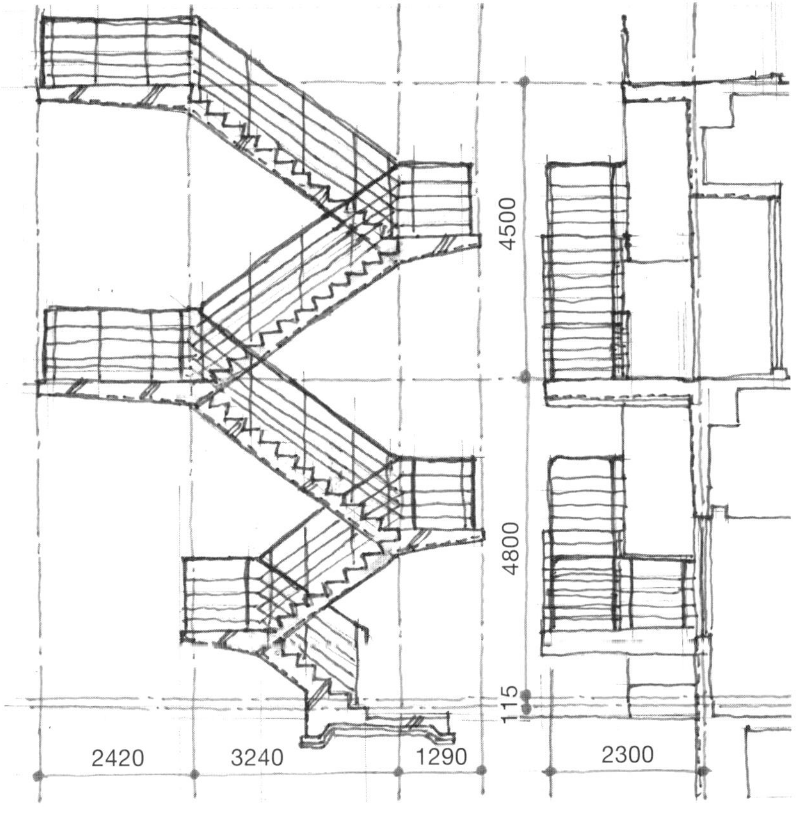

Aタイプ跳ね出し階段の例

一方、Bタイプは、RC造、S造ともにあります。S造の場合、ササラに使用する鉄骨部材は平鋼が多いですが、形状はストレート形のほかに稲妻形にすることもあります。マクロに見ればトラス的な階段ととらえることができるので、見た目の派手さに比べ容易に設計できます。

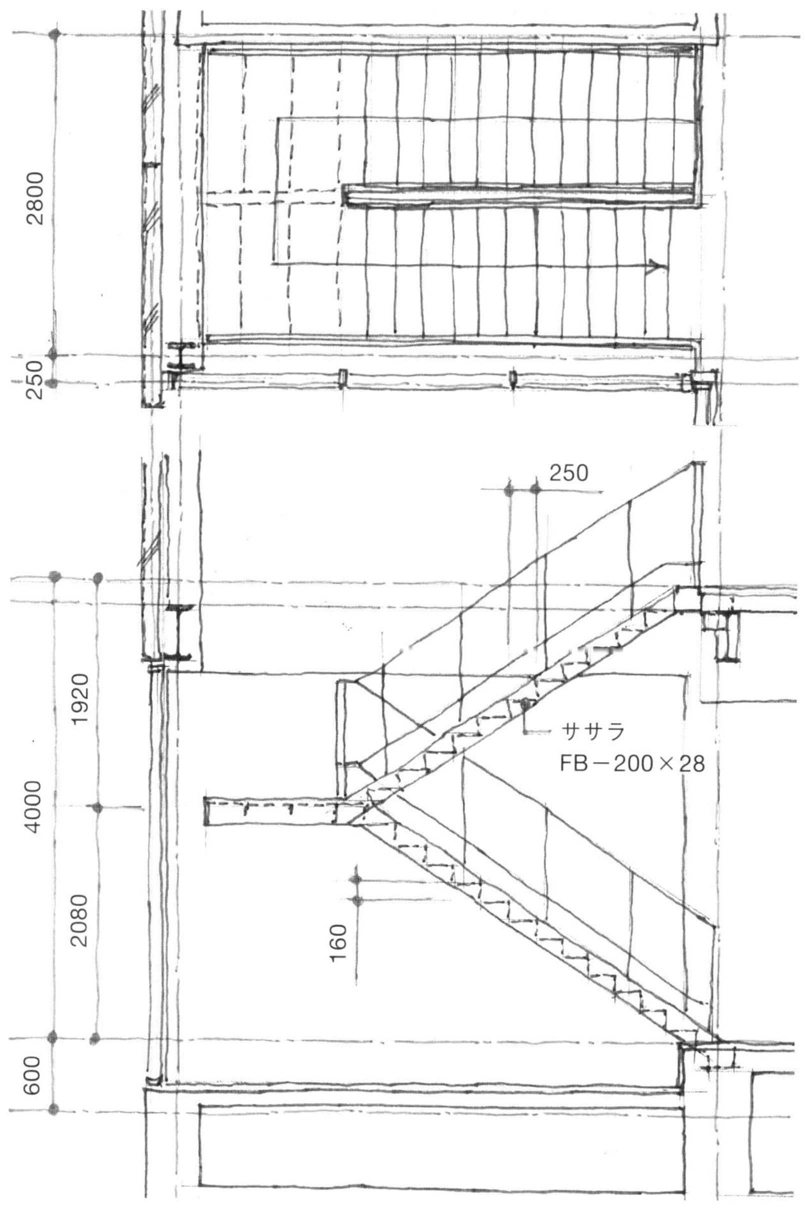

Bタイプ跳ね出し階段の例

設計上のポイントは二つです。留意しないといけないのは、地震時に層間変形分だけ水平方向に強制変形が生じるという点です。鉛直荷重に対する応力解析は忘れずにやるのですが、水平荷重時の応力解析は意外に忘れがちです。ブレース構造のようにほとんど変形しないような建物ならともかく、層間変形角を1/100まで許容して設計するのが一般的です。大地震時に壊れて避難に使えないのでは意味がありませんから、耐震安全性の確認は欠かせません。

もう一つは、振動に対するチェックです。振動に関しては、RC造で問題になることはありません。また、鉄骨階段でもトラス効果で鉛直振動が問題になることはまずありません。ただし、蹴上げ面のプレートを省略して、ササラ桁が踏面だけで接合されている階段や階段棟のように1スパンの純ラーメン架構で鉄骨階段を支持させているような場合、水平剛性が不足し、水平、ねじれ振動が生じやすくなります。人が歩く時、鉛直方向だけでなく水平方向にも外力が作用していることを頭に入れておく必要があります。また、固有値解析をして1次（〜3次）振動モードを求めればわかることですが、2Hz〜3Hzあたりは歩行、小走り時に共振する可能性が高いので注意が必要で、場合によっては制振装置を床下などに設置して振動対策を講じることもあります。

以上をまとめると、構造的解決法としては次のようになります。

構造的解決法

1. 跳ね出し階段をトラス構造や折板構造ととらえる
2. 地震時の強制変形や振動モードに留意する

12.　カタチを変えない

カタチにこだわるという意味は二つあって、一つはこれまで述べてきたイメージするカタチを「つくる」という意味、そしてもう一つはカタチを「変えない」という意味です。自由度という点では、前者の方がはるかに高く、後者の場合はかなり制約や困難を伴います。カタチを「変えない」という強い要求は、誰かがそこに特別な価値を見い出すからであり、その主体は設計者であったり、あるいは一般社会であったり、さまざまです。

たとえば文化財には、意匠性に優れているとか、歴史的価値が高いとか、技術的価値が高いとか、いろいろな評価が与えられますが、これらの保存修理の目的はその価値を次の世代に伝えることにあります。ここでは、文化財をはじめとする歴史的価値の高い建築物の耐震改修を例に話を進めます。

参考文献[7)]には、文化財建造物の耐震補強の原則として以下の5項目が示されています。

① 意匠を損なわないこと

外観を損ねないということはよく聞く話ですが、建物によっては内部空間の方が、価値が高いこともあります。ある教会の神父が「信者の方は教会の外観が多少変わっても気づかないが、内部が少しでも変わると気がつくものだ」と言われたことがありますが、どこに価値があるかを建物ごとに良く見極めて補強計画を立てる必要があります。いずれにせよ、極力小屋組みや天井裏、床下など見えないところで補強することを考えていく必要があります。

② 部材を傷めないこと

文化財建造物を形づくる部材自体が文化財的価値を有する「物的証拠品」と考えると、それはそのままの状態にしておくことを意味します。したがって、補強部材が必要となる場合でも、できるだけ既存部材に孔を開けたり、切り欠いたりせず、将来の修理や更新を見越した取付け方法を選択し、工夫することが求められます。

③ 可逆的であること

耐震補強の技術は現状では最新技術であっても、将来もっと優れたものが開発される余地があったり、建築基準法の改正によって補強自体を見直す必要が生じる可能性もあります。そのため、いつでも容易に脱着でき、現状復帰できるような可逆的な補強方法を検討し採用することが必要になります。

④ 区別可能であること

耐震補強を考える時、既存部材と違和感を感じさせないように補強部材を取り付けるものと思いがちですが、文化財建造物の場合は一般建物とは切り離して考える必要があり、オリジナルの構成部材と付加的な部材とを識別可能にするのが原則です。その根底には、文化財建造物を将来にわたって正しく理解するということが背景にあります。それでも、意匠的な一定の配慮は必要で、違和感を与えるものであってはいけません。

⑤ 最小限の補強であること

耐震補強により、必要な耐震性能を確保することは良しとしても、補強は決して過剰であってはいけないということです。耐震診断方法やその精度によっても補強量は変わりますし、少なくとも既存建物が現状保有している耐力を活かすことを考えないと補強量は減りません。また、施工範囲も最小限にとどめる工夫が必要です。

以上、耐震補強計画にあたっての5つの原則を述べましたが、ここからはカタチを「変えない」こだわりを実現できる構造計算手法について紹介します。

性能規定型設計法（限界耐力計算）による耐震診断

『伝統的な木造軸組を主体とした木造住宅・建築物の耐震性能評価・耐震補強マニュアル（第2版）』[8)〜10)]は、一般社団法人日本建築構造技術者協会関西支部（以下、JSCA関西支部）が開発した限界耐力計算による耐震性能評価法で、構造技術者だけでなく建築デザイナーや木造の施工管理者でも耐震性能評価ができるように、図表を使って簡単に応答が求められる計算手法が採用されています。

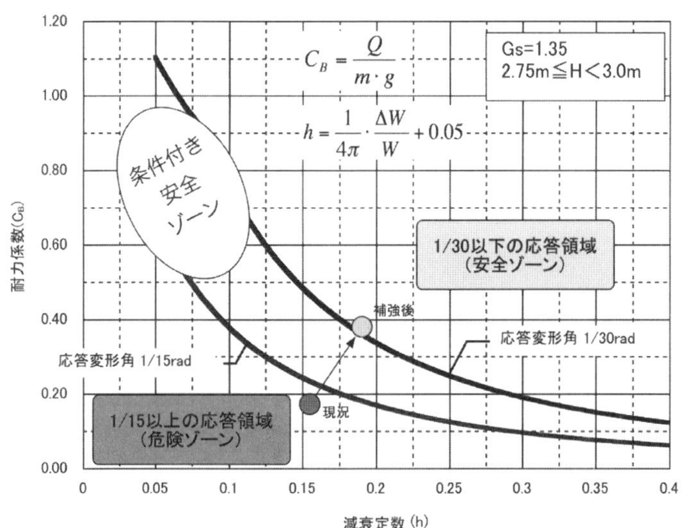

応答計算シート

この評価法は、『大阪府　木造住宅の限界耐力計算法を用いた構造計算による耐震診断・耐震改修に関する簡易計算マニュアル』や『京町家の限界耐力計算による耐震設計及び耐震診断・耐震改修指針』に採用されています。また、国土交通省の『歴史的建築物の活用に向けた条例整備ガイドライン』[11)]にも耐震改修促進法（告示）以外の耐震診断基準の例として紹介されています。

この手法の特徴の一つは、建物の耐力と限界変形を視覚的に把握できることです。ですから、耐震性能や必要補強量をクライアントに説明しやすいと言えます。診断マニュアルとともに表計算ソフト[12)]もJSCA関西支部のホームページ上で公開されています。同木造レビュー委員会では、診断の内容は適切か、マニュアルや計算ソフトの誤用はないかなど、「耐震設計レビュー」という形で設計者の支援を継続しています。興味のある方は、電卓を片手に実務者講習会を受講されることをおすすめします。

そしてさらに特徴として、地盤特性を考慮できること、ほぞ仕口、貫、土壁、落とし込み板壁、木ずり壁、小壁、筋交い、構造用合板などに加え、仕口補強材（耐震リング）や制振装置（仕口ダンパー）などを耐震要素として考慮できることが挙げられます。そのため、補強部材の自由度の高い組合せによって、先に述べた耐震補強の項目の5原則を満足させることが容易になります。

なお、現行法令基準では告示で規定するさまざまな仕様規定（平12建告第1460号）を満たすことが要求されます。伝統的な軸組構法による木造建物は継手・仕口部に金物をほとんど使用せず、石場建てのように柱脚が基礎に緊結されていないので仕様規定自体を満たすことができません。しかし、限界耐力計算によればそれらの規定を適用除外でき、建築基準法の枠組みの中で、木造の新築建物が設計可能になります。

木 造 限 界 耐 力 計 算 Ⅱ　Ver 2　　JSCA-08

Y 方向　　計算システムシート作成者　JSCA関西木造住宅レビュー委員会

地域係数 Z		1			
		2階	1階	合計	p,q考慮？
質量	(ton)	19.58	24.82	44.4	(y or n)
重量	(kN)	191.9	243.21	435.11	y
階高	(cm)	270	350	620	
地盤種別	種	0			Gs自由入力

限界耐力計算結果

	稀地震	極稀地震		崩壊層
応答値	3.78	19.66	(cm)	1階
1自由度系	1/128	1/24	↓2F最大	
2階	1/302	1/179	1/177	OK
1階	1/105	1/19		OK
C_B	0.143	0.264		

準備計算　復元力特性の作成　本システムの適用の適否チェック：適用可能です。

ｽﾃｯﾌﾟ番号 n		1	2	3	4	4'	5	6	6'	7	8
層間変形角 R	(rad)	1/120	1/60	1/40	1/30	1/30+	1/25	1/20	1/20+	1/15	1/10
その時のQ_2	(kN)	80.06	88.86	88.86	88.86	88.86	88.86	88.86	88.86	88.86	88.86
その時のQ_1	(kN)	57.52	89.72	112.22	114.92	114.92	114.92	114.92	114.92	114.92	114.92
2階剛性 K_2	(kN/m)	3,558	1,975	1,316	987	987	823	658	658	494	329
1階剛性 K_1	(kN/m)	1,972	1,538	1,282	985	985	821	657	657	492	328

1自由度系への縮約

U_2/U_1		1.278	1.211	1.173	1.130	1.130	1.108	1.085	1.085	1.063	1.042
δ_{Z2}	(m)	0.037	0.071	0.103	0.132	0.132	0.155	0.190	0.190	0.248	0.365
δ_{Z1}	(m)	0.029	0.058	0.088	0.117	0.117	0.140	0.175	0.175	0.233	0.350
$\delta_{Z2}-\delta_{Z1}$	(cm)	0.812	1.232	1.516	1.522	1.522	1.506	1.490	1.490	1.473	1.457
有効質量 M_U	(ton)	43.74	44.00	44.12	44.23	44.23	44.28	44.33	44.33	44.36	44.38
代表変位 Δ	(m)	0.033	0.064	0.095	0.124	0.124	0.147	0.182	0.182	0.240	0.357
有効質量比 $M_U/\Sigma m_i$		0.99	0.99	0.99	1.00	1.00	1.00	1.00	1.00	1.00	1.00
Q_A	(kN)	57.52	89.72	112.22	114.92	114.92	114.92	114.92	114.92	114.92	114.92
K_e	(kN/m)	1,730	1,394	1,184	928	928	782	632	632	479	322
T_e	(sec)	1.00	1.12	1.21	1.37	1.37	1.50	1.66	1.66	1.91	2.33
$\Delta W=4\pi(heq_1\cdot W_1+heq_2\cdot W_2)$		0.00	1.15	3.43	6.71	6.71	9.39	13.41	13.41	20.12	33.52
$W_A = W_1+W_2$		0.96	2.89	5.32	7.12	7.12	8.45	10.45	10.45	13.79	20.49
粘性減衰定数 h		0.050	0.082	0.101	0.125	0.125	0.138	0.152	0.152	0.166	0.180
減衰による加速度低減率 F_h		1.00	0.83	0.74	0.67	0.67	0.63	0.59	0.59	0.56	0.54
等価高さ H	(m)	4.86	4.82	4.80	4.77	4.77	4.76	4.75	4.75	4.73	4.72
p		0.85	0.85	0.85	0.85	0.85	0.85	0.85	0.85	0.85	0.85
q		1.00	1.00	1.00	1.00	1.00	1.00	1.00	1.00	1.00	1.00
pq=		0.85	0.85	0.85	0.85	0.85	0.85	0.85	0.85	0.85	0.85

損傷限界レベルの必要性能

S_{od}	(m/sec^2)	1.03	0.92	0.84	0.75	0.75	0.68	0.62	0.62	0.54	0.44
G_s		1.750	1.750	1.750	1.750	1.750	1.750	1.750	1.750	1.750	1.750
S_{Ad}	(m/sec^2)	1.52	1.13	0.94	0.74	0.74	0.64	0.54	0.54	0.45	0.35
S_{Dd}	(cm)	3.85	3.55	3.49	3.53	3.53	3.63	3.82	3.82	4.16	4.82
Q_{nd}	(kN)	66.69	49.55	41.27	32.74	32.74	28.37	24.14	24.14	19.92	15.52
R	(rad)	1/126	1/136	1/138	1/135	1/135	1/131	1/124	1/124	1/114	1/98
R_2	(rad)	1/287	1/397	1/484	1/623	1/623	1/726	1/863	1/863	1/1058	1/1372
R_1	(rad)	1/103	1/109	1/109	1/105	1/105	1/101	1/95	1/95	1/87	1/74

安全限界レベルの必要性能

S_{os}	(m/sec^2)	5.13	4.59	4.22	3.73	3.73	3.42	3.08	3.08	2.68	2.20
G_s		1.750	1.750	1.750	1.750	1.750	1.750	1.750	1.750	1.750	1.750
S_{As}	(m/sec^2)	7.62	5.63	4.68	3.70	3.70	3.20	2.72	2.72	2.24	1.75
S_{Ds}	(cm)	19.27	17.77	17.43	17.64	17.64	18.15	19.10	19.10	20.80	24.08
Q_{ns}	(kN)	333.45	247.75	206.35	163.68	163.68	141.85	120.68	120.68	99.58	77.60
R	(rad)	1/25	1/27	1/28	1/27	1/27	1/26	1/25	1/25	1/23	1/20
R_2	(rad)	1/57	1/79	1/97	1/125	1/125	1/145	1/173	1/173	1/212	1/274
R_1	(rad)	1/21	1/22	1/22	1/21	1/21	1/20	1/19	1/19	1/17	1/15

増幅率 G_sの自由入力欄	Te	1.00	1.12	1.21	1.37	1.37	1.50	1.66	1.66	1.91	2.33
損傷限界計算用		1.750	1.750	1.750	1.750	1.750	1.750	1.750	1.750	1.750	1.750
安全限界計算用		1.750	1.750	1.750	1.750	1.750	1.750	1.750	1.750	1.750	1.750

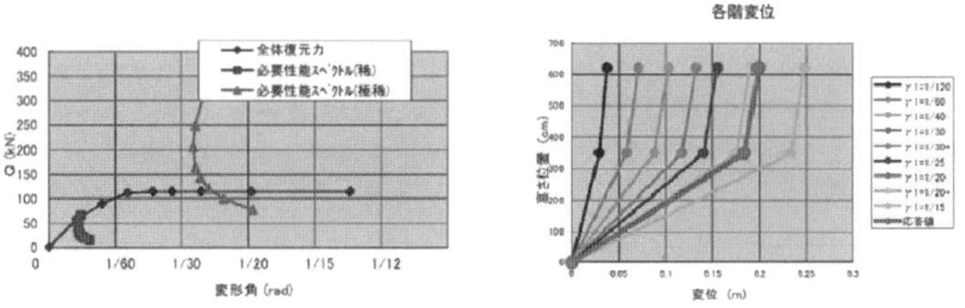

表計算ソフト（Ver.2）の出力例

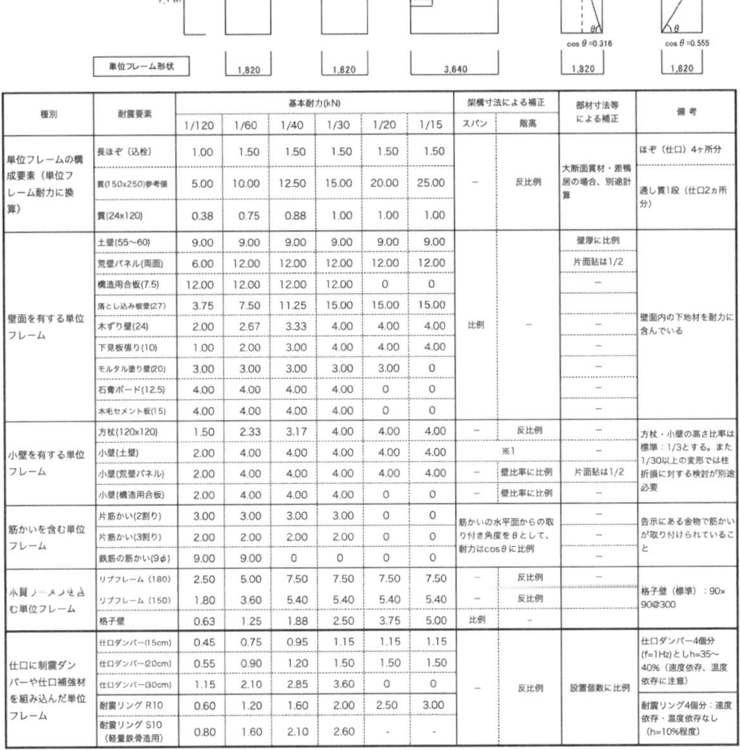

種別	耐震要素	基本耐力(kN)						架構寸法による補正		部材寸法等による補正	備考
		1/120	1/60	1/40	1/30	1/20	1/15	スパン	階高		
単位フレームの構成要素（単位フレーム耐力に換算）	長ほぞ（込栓）	1.00	1.50	1.50	1.50	1.50	1.50	−	反比例	大断面貫材・差鴨居の場合、別途計算	ほぞ（仕口）4ヶ所分
	貫(150x250)参考値	5.00	10.00	12.50	15.00	20.00	25.00				通し貫1段（仕口2ヵ所分）
	貫(24x120)	0.38	0.75	0.88	1.00	1.00	1.00				
壁面を有する単位フレーム	土壁(55〜60)	9.00	9.00	9.00	9.00	9.00	9.00	比例	−	壁厚に比例	壁面内の下地材を耐力に含んでいる
	荒壁パネル(両面)	6.00	12.00	12.00	12.00	12.00	12.00			片面貼は1/2	
	構造用合板(7.5)	12.00	12.00	12.00	12.00	0	0			−	
	落とし込み板壁(27)	3.75	7.50	11.25	15.00	15.00	15.00				
	木ずり壁(24)	2.00	2.67	3.33	4.00	4.00	4.00			−	
	下見板張り(10)	1.00	2.00	3.00	4.00	4.00	4.00			−	
	モルタル塗り壁(20)	3.00	3.00	3.00	3.00	3.00	0			−	
	石膏ボード(12.5)	4.00	4.00	4.00	4.00	0	0			−	
	木毛セメント板(15)	4.00	4.00	4.00	4.00	0	0			−	
小壁を有する単位フレーム	方杖(120x120)	1.50	2.33	3.17	4.00	4.00	4.00	−	反比例	−	方杖・小壁の高さ比率は標準：1/3とする。また1/30以上の変形では柱折損に対する検討が別途必要
	小壁(土壁)	2.00	4.00	4.00	4.00	4.00	4.00	※1		−	
	小壁(荒壁パネル)	2.00	4.00	4.00	4.00	4.00	4.00	−	壁比率に比例	片面貼は1/2	
	小壁(構造用合板)	2.00	4.00	4.00	4.00	0	0	−	壁比率に比例	−	
筋かいを含む単位フレーム	片筋かい(2割り)	3.00	3.00	3.00	3.00	0	0	筋かいの水平面からの取り付き角度をθとして、耐力はcosθに比例		−	告示にある金物で筋かいが取り付けられていること
	片筋かい(3割り)	2.00	2.00	2.00	2.00	0	0			−	
	鉄筋の筋かい(9φ)	9.00	9.00	0	0	0	0			−	
木質フレームを含む単位フレーム	リブフレーム（180）	2.50	5.00	7.50	7.50	7.50	7.50	−	反比例	−	格子壁（標準）：90×90@300
	リブフレーム（150）	1.80	3.60	5.40	5.40	5.40	5.40	−	反比例		
	格子壁	0.63	1.25	1.88	2.50	3.75	5.00	比例	−		
仕口に制震ダンパーや仕口補強材を組み込んだ単位フレーム	仕口ダンパー(15cm)	0.45	0.75	0.95	1.15	1.15	1.15	−	反比例	設置個数に比例	仕口ダンパー4個分(f=1Hz)としh=35〜40%（速度依存、温度依存に注意）
	仕口ダンパー(20cm)	0.55	0.90	1.20	1.50	1.50	1.50				
	仕口ダンパー(30cm)	1.15	2.10	2.85	3.60	0	0				
	耐震リング R10	0.60	1.20	1.60	2.00	2.50	3.00				耐震リング4個分：速度依存・温度依存なし（h=10%程度）
	耐震リング S10（軽量鉄骨適用）	0.80	1.60	2.10	2.60	-	-				

考慮可能な耐震要素の一例

以上をまとめると、構造的解決法としては次のようになります。

構造的解決法

1. 限界耐力計算法による耐震診断法を用いる
2. 実務者講習会を受講し、構造レビューを受ける

COLUMN

鈍感と敏感のあいだ

現場に足を運び、躯体の配筋やコンクリート打設を見るたび、たとえば剛域が100mm変わったくらいで応力分布がどれほど変わるのかと思う。もともと不静定次数が大きいから、大ばりを1本抜いたところで保有水平耐力はほとんど変化しない。計算してみるとわかる。まして、主筋ならなおさらである。いい意味で「鈍感」である。

「敏感」と言えば保有水平耐力計算が思い浮かぶ。特定の部材の配筋や計算条件を少し変えただけで保有水平耐力が極端に増減することがあるので厄介だ。とくに耐震壁を含む場合は顕著である。場合によっては、耐力に倍半分の開きが出ることもあるが、できあがる建物の耐震性能が株価のように乱高下するはずがない。袖壁、垂れ壁などの影響についても、計算で求められるほど部材に応力集中が生じるとは思えないのである。

近頃は精密な解析法が一般受けし、クライアントにもたいそう有難がられる風潮ができてしまった。しかし、外力や剛性などの精度と計算の精度がかけ離れているのに、計算だけ精度を求めてもバランスを欠くだけである。それなら弾性設計で十分ではないかとさえ思う。また、減衰定数が1%、2%といった精度にもかかわらず、建物の固有周期を1.623秒などと小数点下3桁まで求め、そうして求めた解析結果を断面検定比が1.000ならOKで、0.999ならNGだと言うわけである。遵法性という社会的なルールを否定しているのではない。できあがるモノが構造計算で説明できるほど厳密なものかと言いたいのである。高度な計算方法と言われている時刻歴応答解析も同様である。

構造設計を35年やってきたのに、未だに自分自身の中でもやもやし続けていて、一向にその苛立ちが和らぐことがない。そして、手計算時代と比べて本当に設計の質が上がったかと問われても即答できない自分がいる。鈍感と敏感のあいだで葛藤が止まない。

第4章

構造設計者の頭の中を覗く

1.　ブラウン管TVをそのまま形に

建物外観

本施設は駅前に建つ文化交流プラザです。図書館のほか、生涯学習ゾーンやジョブパークなどが入り、市民が気軽に滞在・交流できる「駅前リビング」をコンセプトに設計したものです。「駅前にモニターをつくりたい」という建築デザイナーの一言からこのプロジェクトは始まりました。見せられたノートには、建物壁面が台形の敷地形状により決定づけられた二つのボリュームがずれて積み重ねられたスケッチが描かれていました。

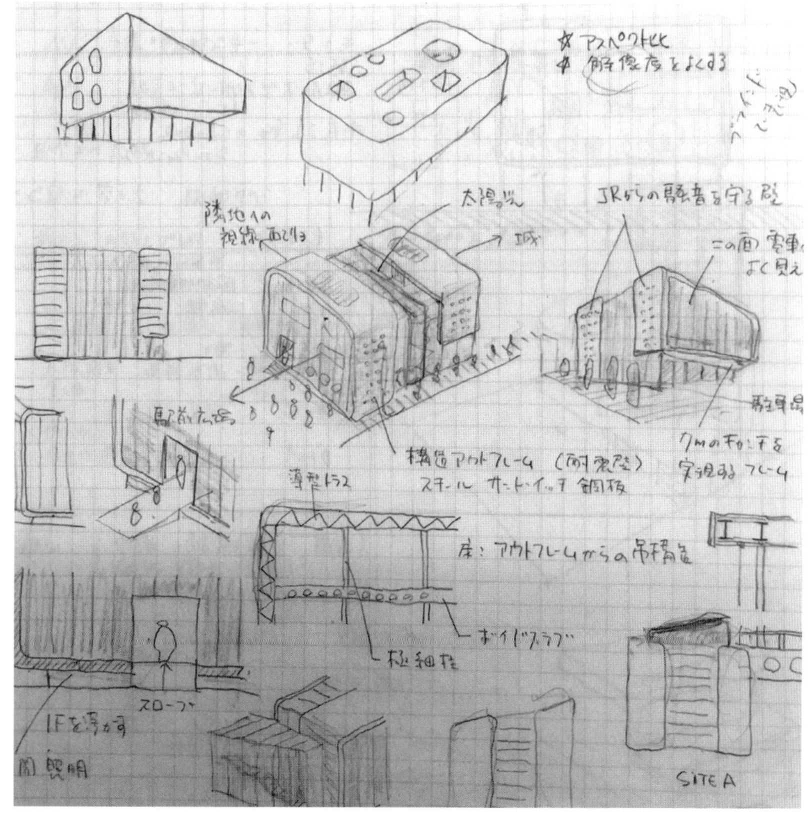

建築デザイナーの１回目のスケッチ（森雅章提供）

モニターという言葉から、真っ先に思い浮かんだのはポータブルのブラウン管テレビです。室内の書架やエレベーターのイメージは、基盤に刺さっているコンデンサーやトランジスタなどのパーツと交錯しました。そして、駅前に巨大なモニター装置をつくるなら、あの筐体を構造体に取り込めないかと漠然と考えていました。

２回目の「おはなし」の時、建築デザイナーが提示したスケッチにはさらに具体的なイメージが描かれていました。モニター枠ができ、足元もまさにテレビを連想させるデザインです。そして、スケッチの横に書かれていた文字は「iPhoneのような建築」でした。つまり、iPhoneのモニターに映し出されるアプリのアイコンが市民の活動そのものであり、地元のシンボルである城の石垣を連想させるかのようにそれらを積層する、そんな建築です。この時、平成のiPhoneと昭和のブラウン管テレビの融合もおもしろいと考え、ブラウン管テレビの筐体をつくろうと決めたのです。建物内には立体的に吹抜けが配置されていたので、頭の中でこれらを整理するのにスタディ模型が役に立ちました。

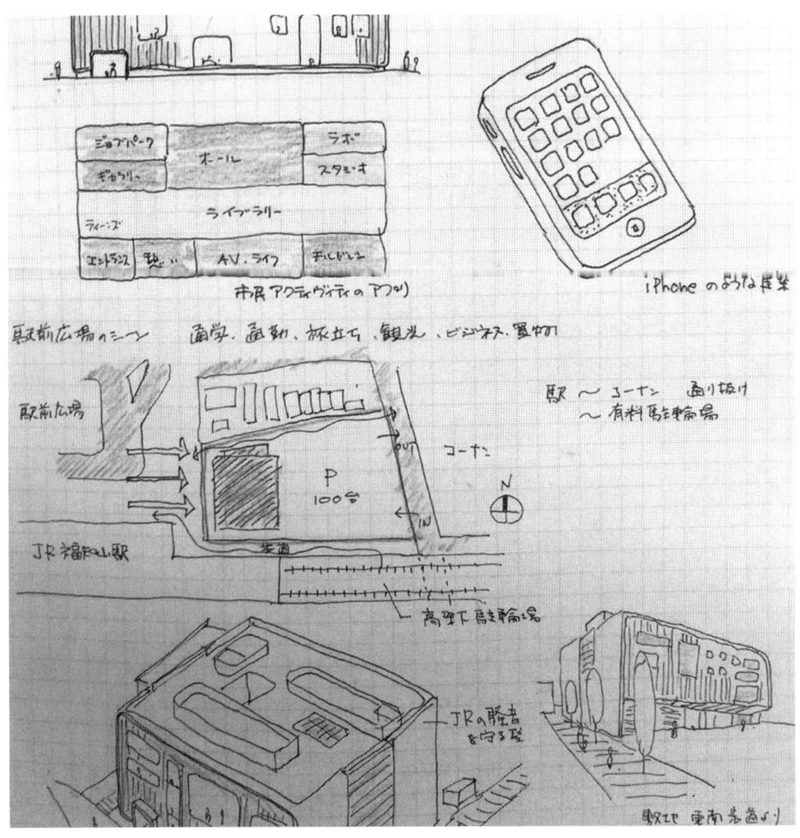

建築デザイナーの2回目のイメージスケッチ（森雅章提供）

スタディ模型

一方、もう一つの与条件である、ずれた箱の形をどう構築するかという課題を解決する必要がありました。もっともシンプルで素直な解決法は、例外部分のみ対処し工夫することです。したがって、1階のみ平面に合わせて第三の軸線上に柱を置き、2階以上は片持ちばりに丘立ち柱を並べることにしました。ただ、キャンティレバーの長さが最大6m以上あるうえに、4層分の床を受ける必要があります。そのため、片持ちばりの長さに応じて3層分の片持ち壁、1層分のトラスばり、片持ちばり単体を使い分け、斜材を間仕切り壁内に納めることにしました。

テレビの筐体をイメージして、筐体の両側面（妻面）に連層耐震壁を設け100％地震力を負担させることにより、構造計画の自由度やメリットが増しました。具体的には、図書閲覧室の上部の大ばりをなくし、リブ付きPC床版を並べることができました。大ばりのなくなった鉄骨柱の座屈防止については、PC床版にその役目を負わせることで解決できます。また、4層の床を支える片持ちトラスばりに地震時応力が作用しないため大地震時にも損傷しません。以下に、構造的な解決策の概要をまとめて示します。

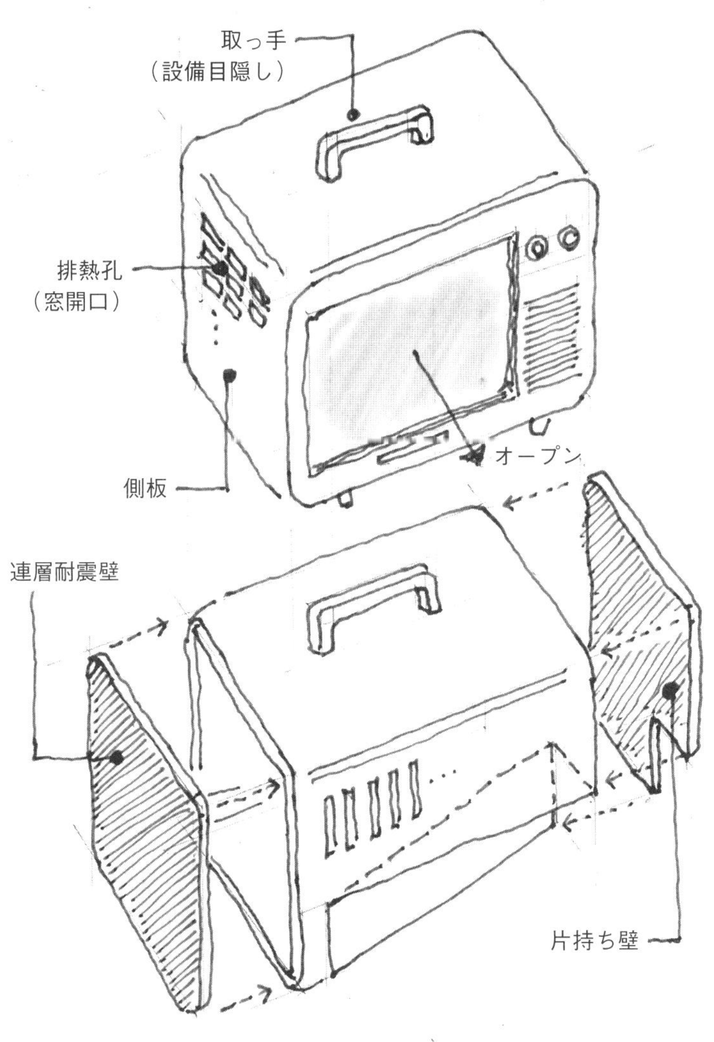

構造計画のイメージ

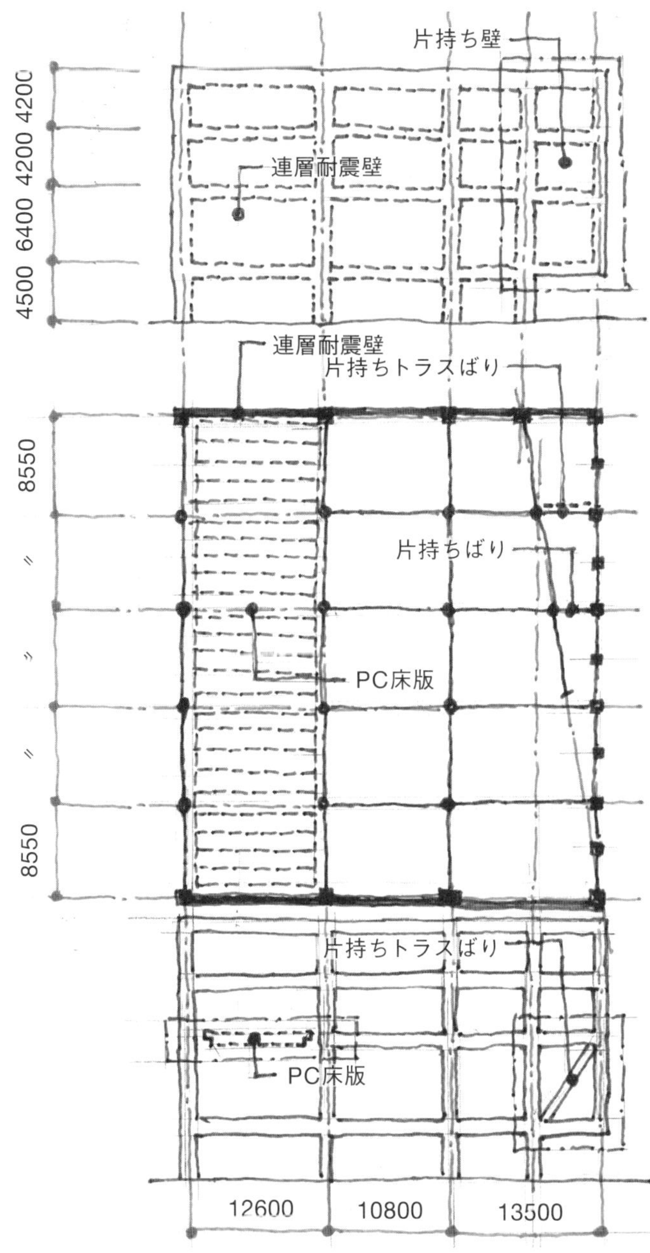
片持ち壁
連層耐震壁
4500 6400 4200 4200
連層耐震壁
片持ちトラスばり
8550
〃
〃
〃
8550
片持ちばり
PC床版
片持ちトラスばり
PC床版
12600
10800
13500

設計上の工夫

2. 倒れないドミノ

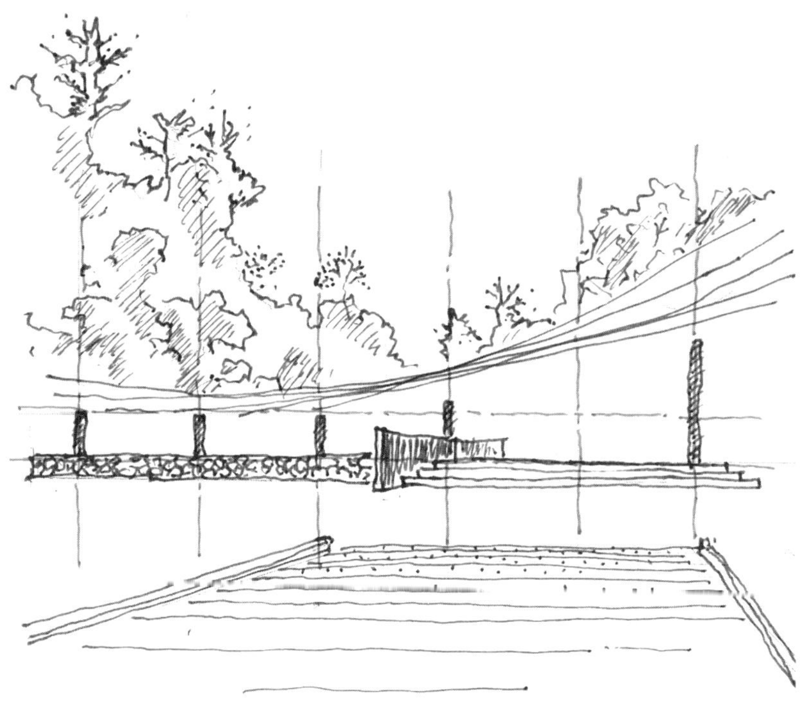

本施設は平屋の保養所です。最初に相談を受けた時は、検討平面図に柱がまだ落ちておらず、中廊下の両側に並ぶ諸室の間仕切り壁があるだけのシンプルなものでした。外部に対しては眺望に配慮して全面オープンになっており、断面図には桁ばりや垂れ壁もなく開口部が軒天まで伸びていました。

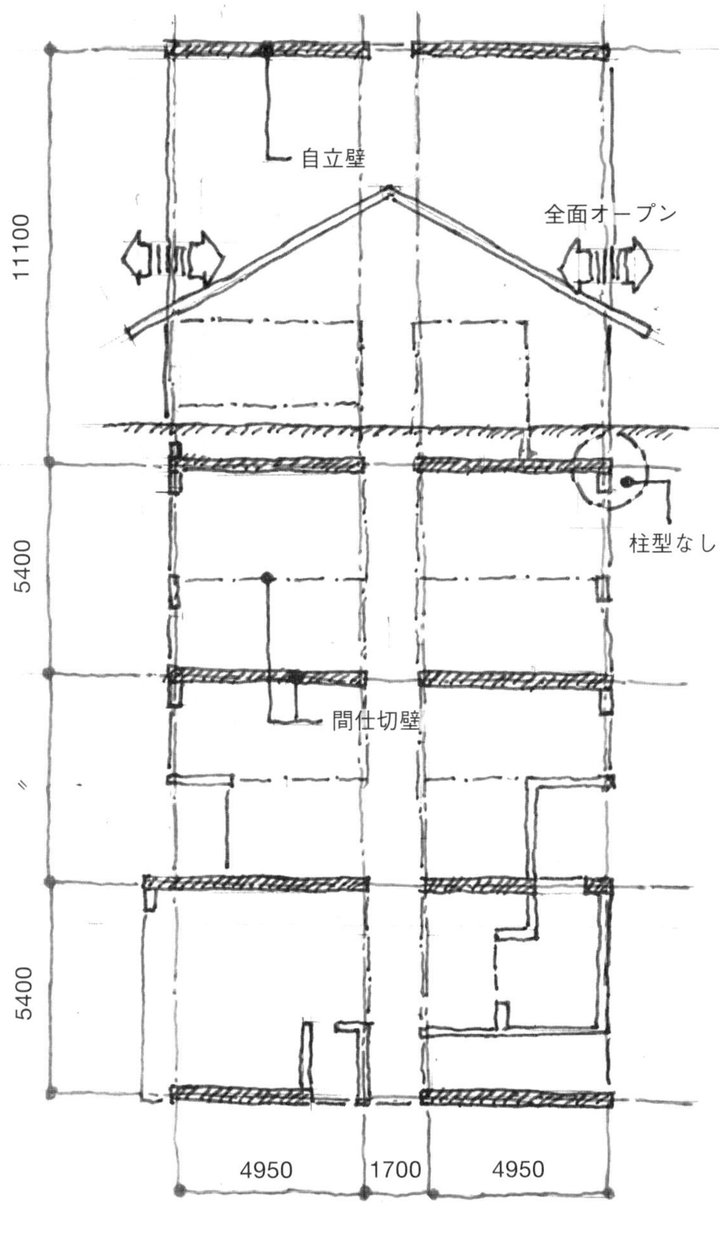

検討平面図

オーソドックスなラーメン架構という案もなくはないのですが、どうしてもはり型や柱型が出てきます。また、壁式構造として考えても、桁方向に壁がとれません。建築デザイナーが最初から柱やはりをなくすことを考えて平面図を描いたかどうか定かではありませんが、その検討図を眺めているうちに、規則的に並んだ間仕切壁がドミノ倒しの光景を想起させたのです。そして、ドミノは倒れるものですが、発想を変えて「倒れないドミノ」にすれば、諸々の課題が一気に解決できることに気づきました。

幸いにもこの施設は平屋で、しかも直接基礎で支持できる比較的良好な地盤でした。複数の「ドミノ壁」をべた基礎形式のマットスラブでつなぐことにより架構として成立させることができました。しかし、構造的には不静定次数がゼロの静定構造物になります。不静定次数が大きいラーメン架構なら、どこかのはりが1本壊れた（抜いた）ぐらいで建物が倒壊または崩壊することはありませんが、ドミノ壁の場合、これが壊れることはそのまま倒壊を意味します。その事態を避けるには、大地震時でも壁体が壊れない設計をしておく必要があります。これについては、構造特性係数Dsの最大値（＝0.55）に対して弾性設計（許容応力度設計）して対処することにしました。

あとは壁厚だけの問題になりますが、地震力により決定されます。できるだけ壁厚を薄くするには、屋根をコンクリート系ではなく、S造の金属葺きにして重量を軽くする必要があります。また、ドミノ壁がそれぞれ独立し、しかも高さが異なっているので、地震時の変形を極力合わせるよう壁厚で調整し、かつ屋根を受ける鉄骨ばりを通してそれぞれの壁に固定し、屋根面全体の変形を揃える計画としました。

耐震要素としては一種類のシンプルな架構ですが、このように小規模だからこそできる構造もあるように思います。片持ち柱と考えれば、簡単に変形や応力を求めることができるので、建築デザイナーでも概略検討できると思います。

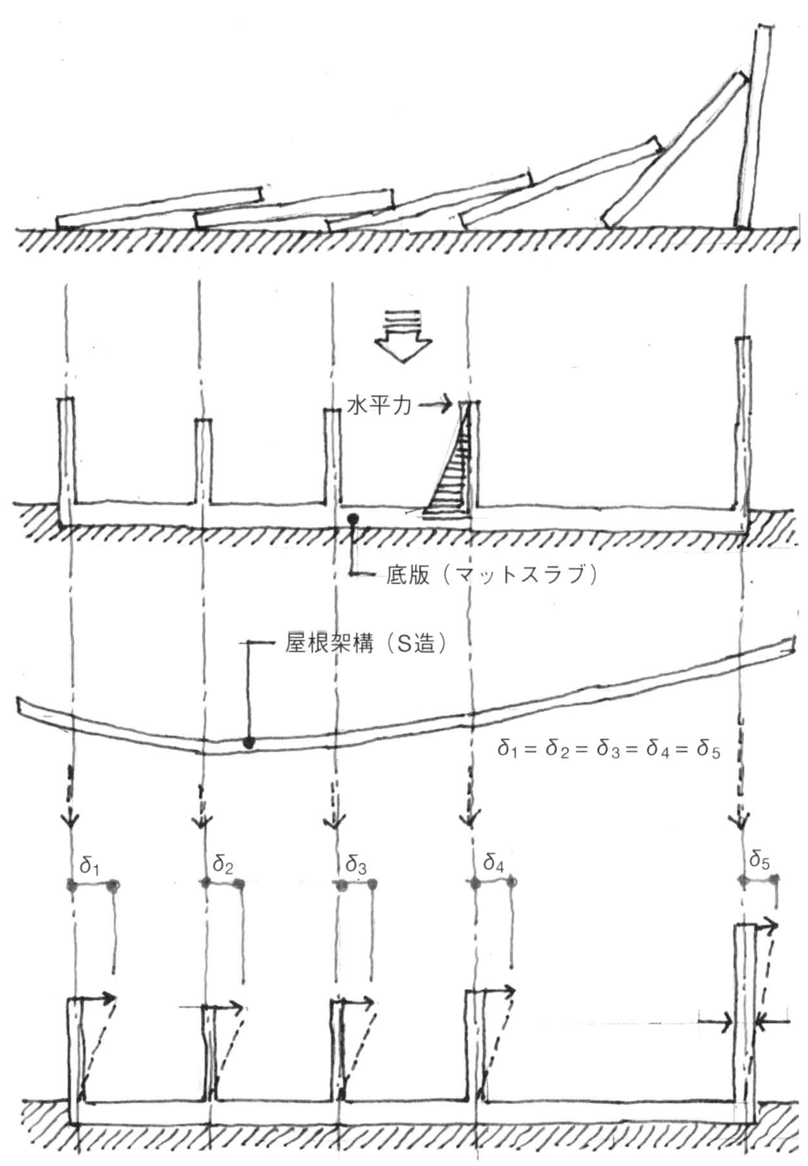
水平力
底版（マットスラブ）
屋根架構（S造）
$\delta_1 = \delta_2 = \delta_3 = \delta_4 = \delta_5$
δ_1
δ_2
δ_3
δ_4
δ_5

構造の考え方

3. 屋根のフォルムを活かす

建物外観

本施設はある大学の食堂棟で、1階に食堂、2階には購買、書店、コンビニが並びます。最大5mのキャンティレバーによって生まれるピロティ空間をウッドデッキテラスや外部階段と立体的に繋げて人の流れをつくり出し、新しい活気をキャンパス中央に導入しようというのが計画の意図でした。

建築デザイナーから聞いた「おはなし」の具体的な与条件は、

① 北側2階を5mのキャンティレバーで跳ね出すこと

② 2階東、北面に煉瓦の外壁を配置し、1階はピロティ化

③ 切妻形状の屋根にすること

の3つでした。

当初計画案では、もともと屋根形状がピラミッド型の集合体でした。屋根形状を切妻屋根に変えることを聞き、屋根トラスを北側外壁面まで5m引き通して2階の床を吊ることを提案しました。その時の打合せスケッチを次に示しますが、屋根の形状が二等辺三角形では面白くないので、断面性能と部材のおさまりを考えて、屋根トラスの立面形状を辺長比3:4:5の直角三角形としました。

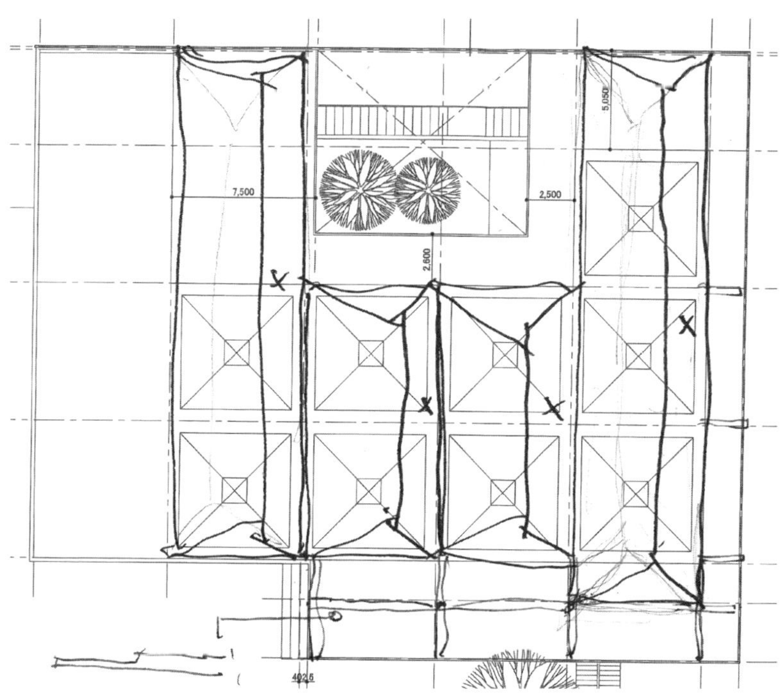

屋根形状の打合せスケッチ

その後、屋根荷重を支持するほかに地震時のせん断力移行も兼ねる計画としましたが、構造的なおさまりを考えると必然の形状でした。また、2階東面廊下、西面空調機置場の各2.5mスパン、南面庇の5mスパン部分についても、柱を1階先端に下ろさない方針としました。さらに踊場を浮かせた二つのトラス階段やスパン中央をタイロッドで上から吊った直線階段で建物全体に浮遊感を持たせ、構造材が主張しすぎず、かつ空間のアクセントになりうるような構造デザインを提案しました。

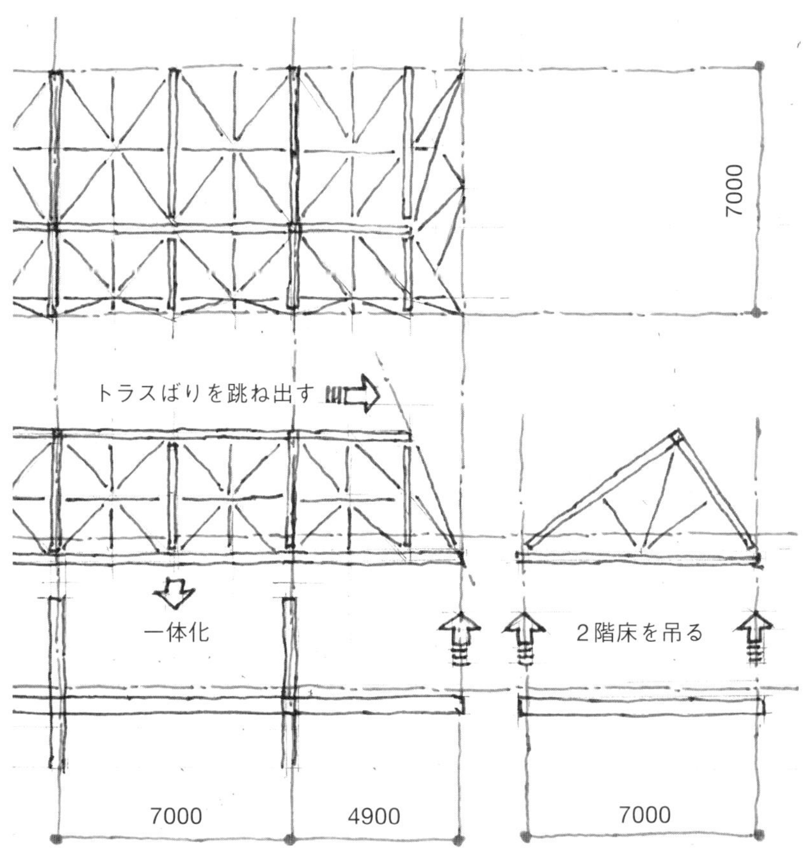

屋根の検討スケッチ

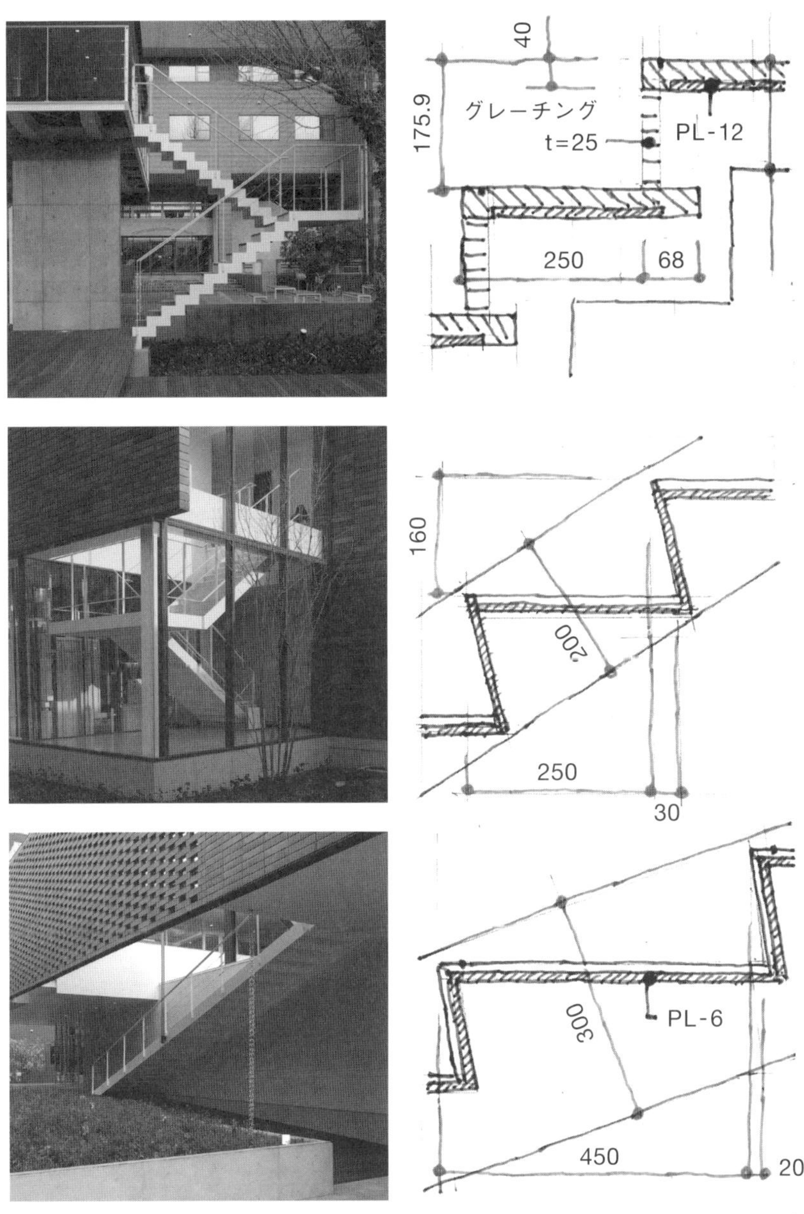

浮遊感を出すための階段

平面計画では7mの均等グリッドを基本とし、グリッド状に配置された校舎群を緩やかにつなぐ対角線方向の流れについては、吹抜け部分に挿入された書店の書棚兼用の独立乾式壁を、L型に組んだ100mmサイズのH形鋼を並べて支持させています。

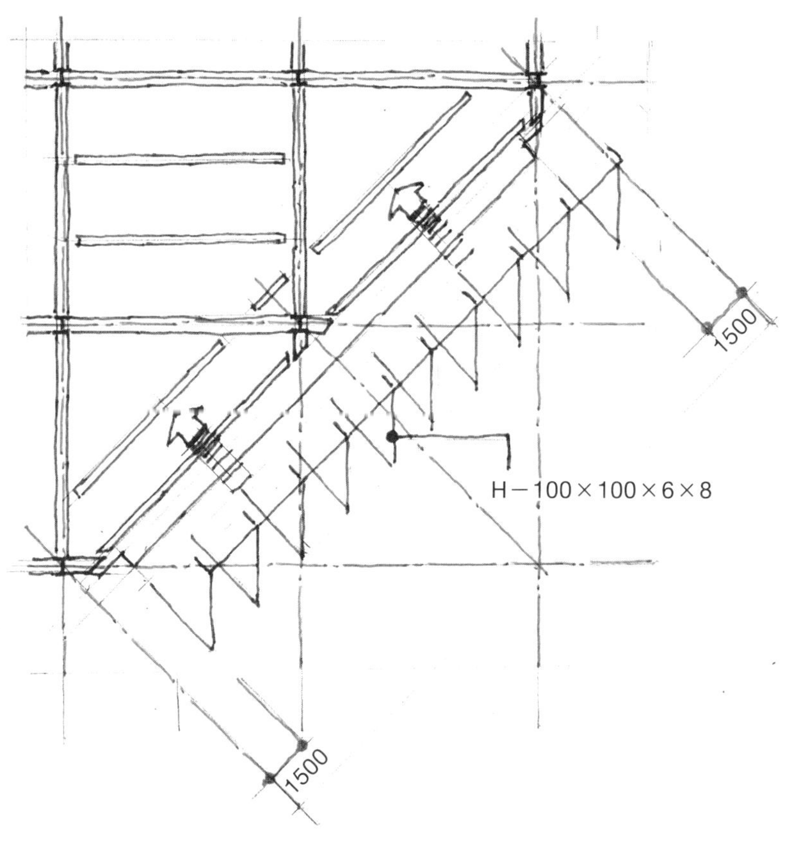

独立乾式壁の挿入

45度方向に挿入した自立壁

架構形式は、両方向とも柱はり接合部を剛接としたブレース構造（べた基礎）とし、柱はH－250×250、はりはH－450×200（250）、H－250×250、ブレース材はH－200×200、また屋根にはL－65×65、C－125×65サイズの鋼材を組み合わせて用いることとしました。

壁ブレース部分については構面内の地中ばりをSRC造とし、かつ1階床面には下フランジにブレース軸力移行用のスタッドボルトを配置した鉄骨（枠）ばりを設け、床面とブレース・柱間の取合いをシンプルな形にしました。また、東〜南面にかけての吹抜け部分の2階外周ばりの見付幅を150mmに揃えるため、東面屋外通路ではスパン14mの壁面トラスとそれを受けるスパン2.5mのR階片持ばりにより床を支持させ、キャンパスへと向かう視線を遮らないよう斜材にはタイロッドを用いました。北面2階のキャンティレバー群をつなぐ透かし積みレンガ壁の部分、西面空調機置場も同様にそれぞれスパン14m、21mの壁面トラスを配置することによって部材サイズを小さくしています。

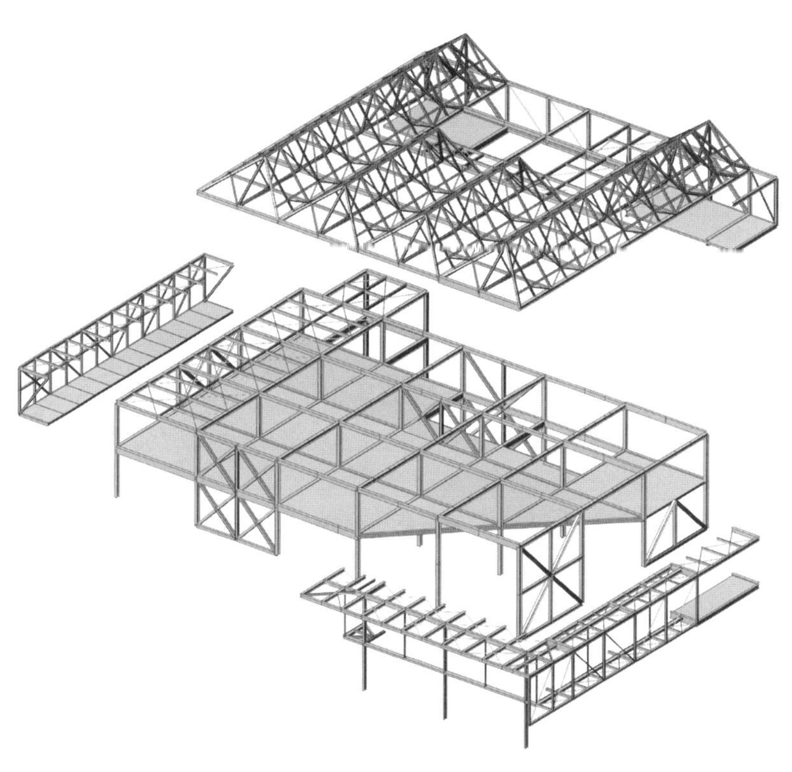

施設全体の架構モデル

南面テラスでは、同質のものを並べた屋根トラス群に対して、あえて鉄筋コンクリートと鉄という異種材料の柱を通芯上に並列に置きました。そして、一組の壁柱と鋼管柱でウッドデッキテラスを支持させ、壁柱芯位置にトラス階段を配置することによって、オープンな空間へのアクセント効果をねらっています。

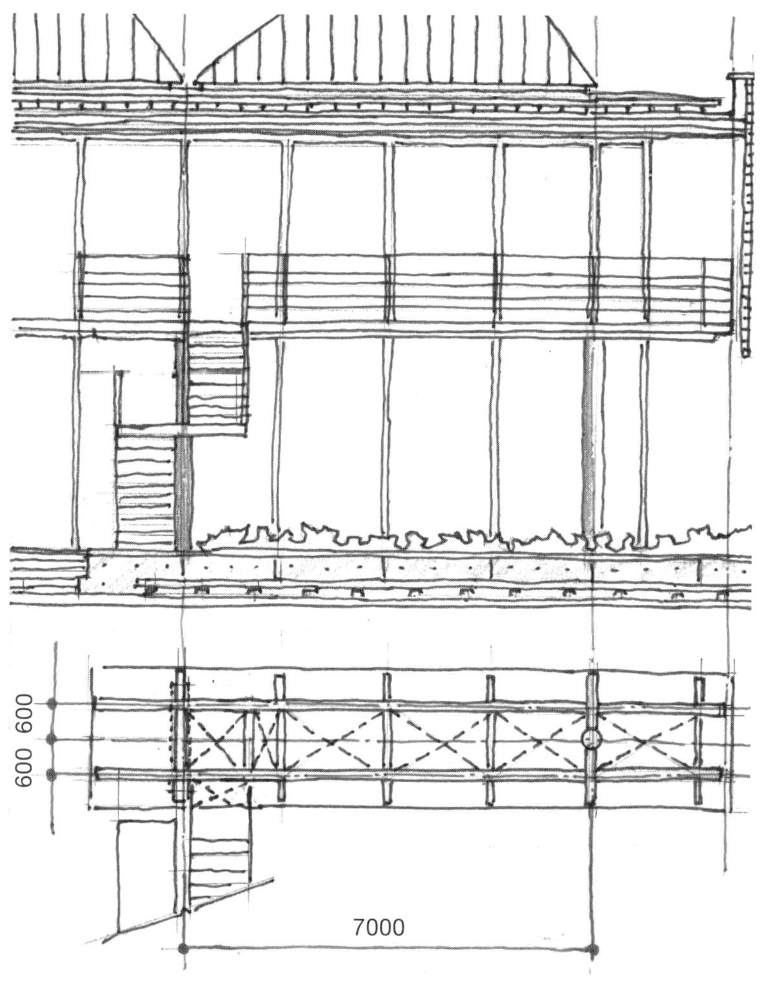

南面テラス

4. 柱を抜いてウチソトを連続させる

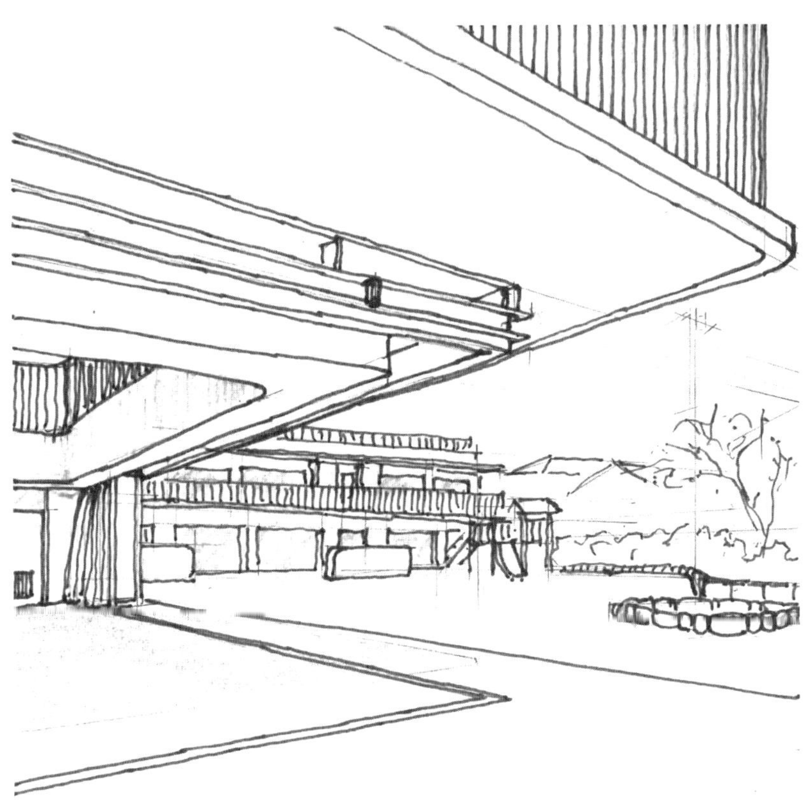

遊戯室から園庭を見る

本施設は幼稚園です。当初から遊戯室と園庭を一体使いするような計画でしたが、平面図を見るとコーナー部に柱が落ちていたので抜くことを提案した、たったそれだけの話です。柱を抜くことにより、壁のクリープや地震時の鉛直変形に対してサッシ枠の逃げを確保したり、2階吹抜け部で回廊化させた「走ろうか」を取り込む構造的な工夫も必要になりますが、ここでは構造的な合理性より空間の豊かさを優先させました。

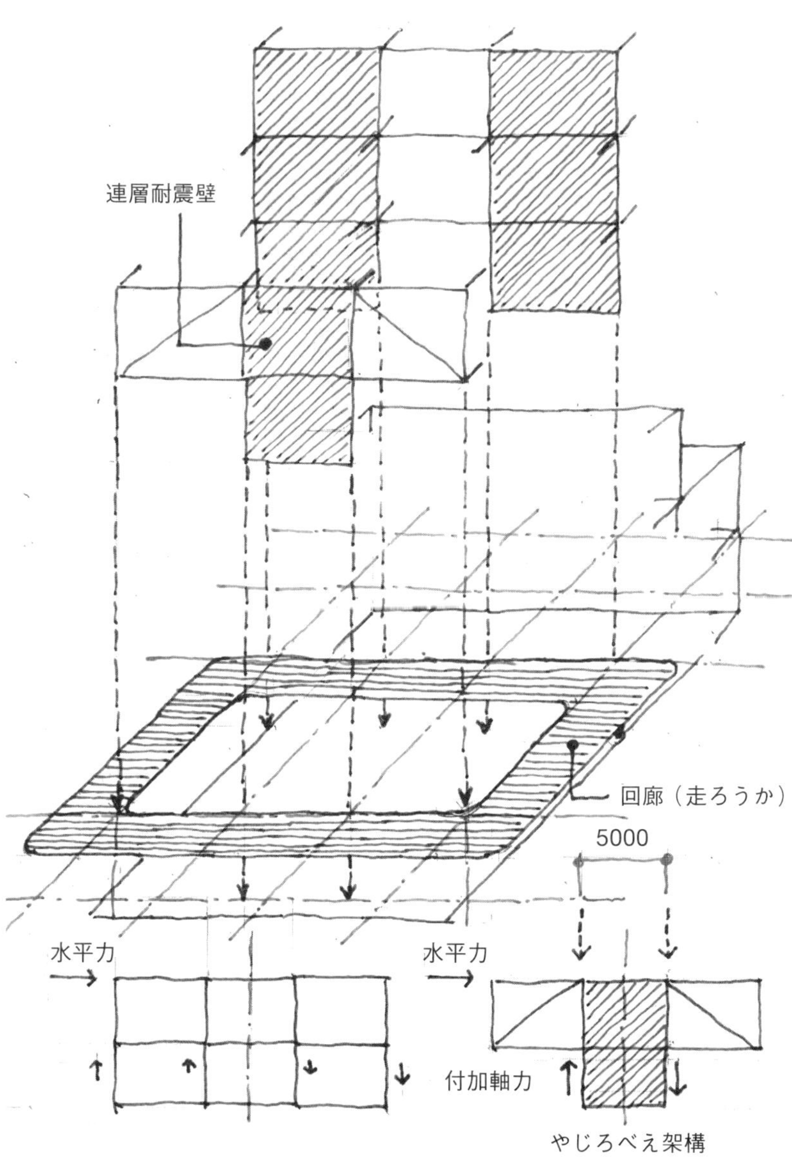

構造的な解決方法

5.　要素の繰り返しで構成する

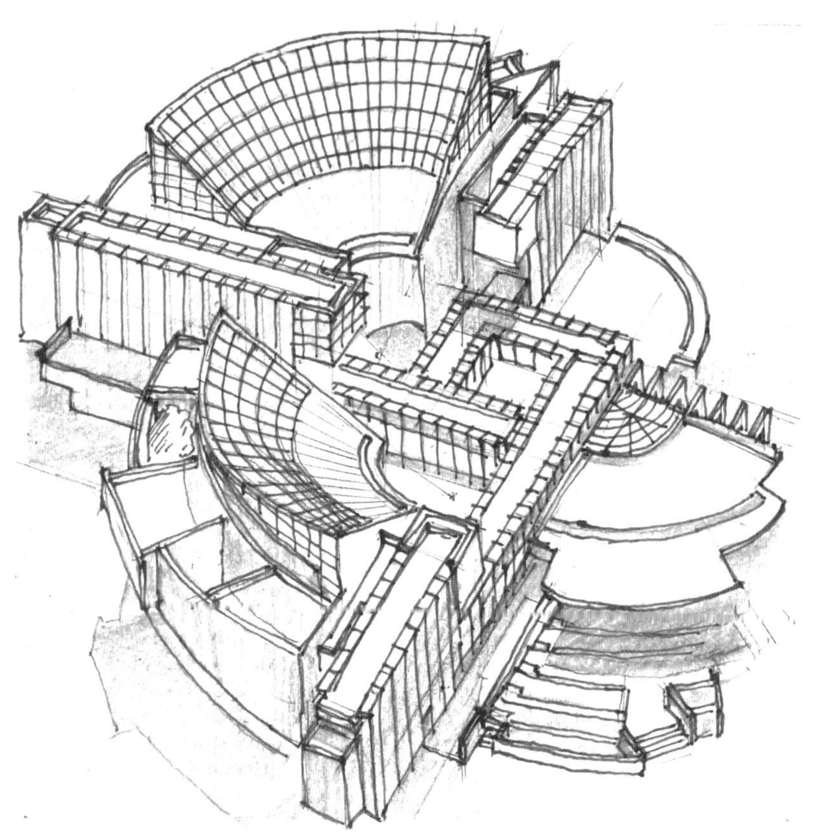

施設全体を俯瞰する

本施設は環境学習の実践の場、地域交流拠点として整備された水族館で、県内の自然環境や世界の河川環境を学ぶための施設です。大きくは、四分円状の二つの展示空間とエントランスホール、レストランで構成され、それらを繋ぐ形でプレリュードとガレリアの回廊を配置しています。

この施設の特徴は、要素の繰り返しで建物を構成している点です。構造計画でもそれを徹底しました。展示空間、レストラン・屋外ステージは四分円をそれぞれ5分割、8分割して柱を配置した一方、通路となるプレリュードとガレリアでは基準スパンを2.4m × 4.8mとして柱列帯を強調した計画としました。

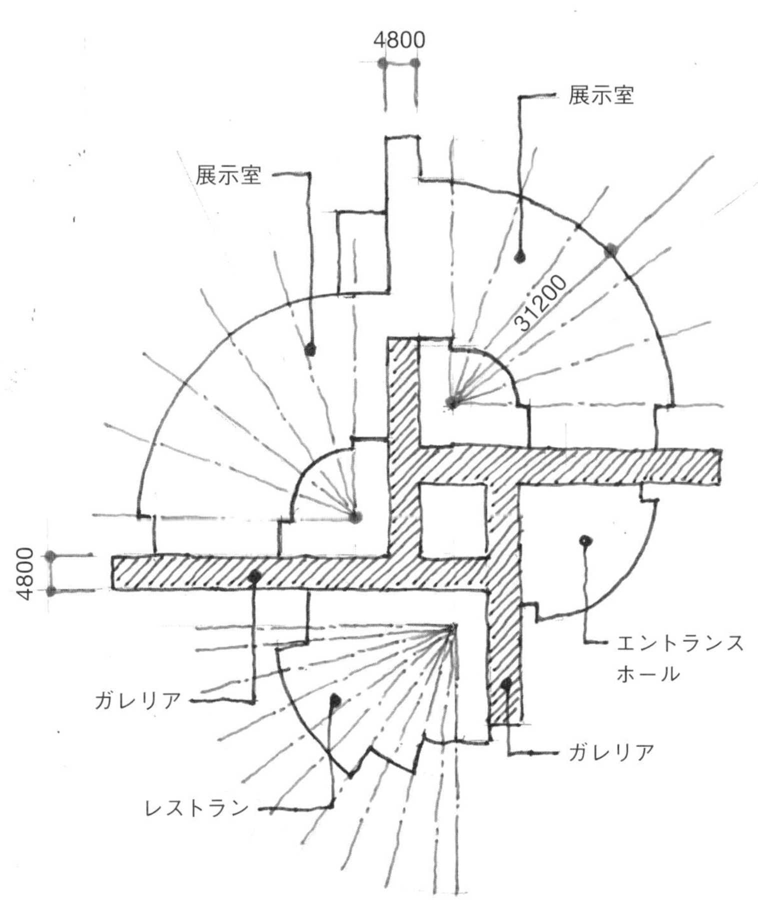

施設構成と柱配置

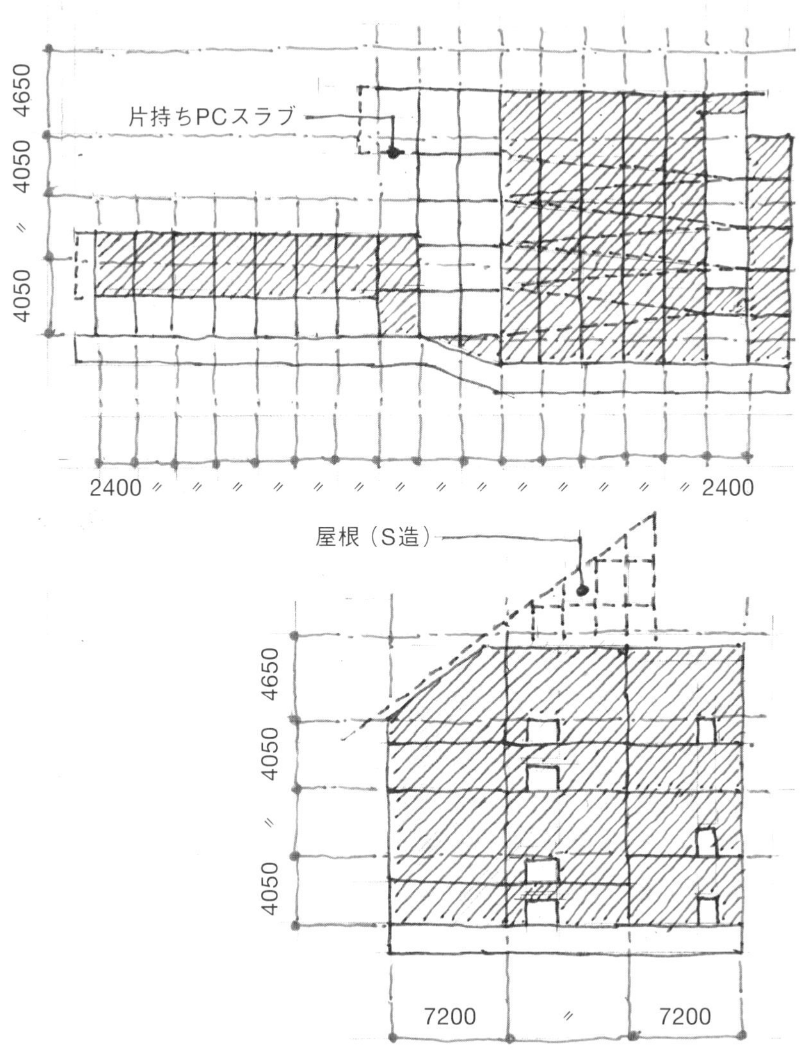

軸組スケッチによる壁配置

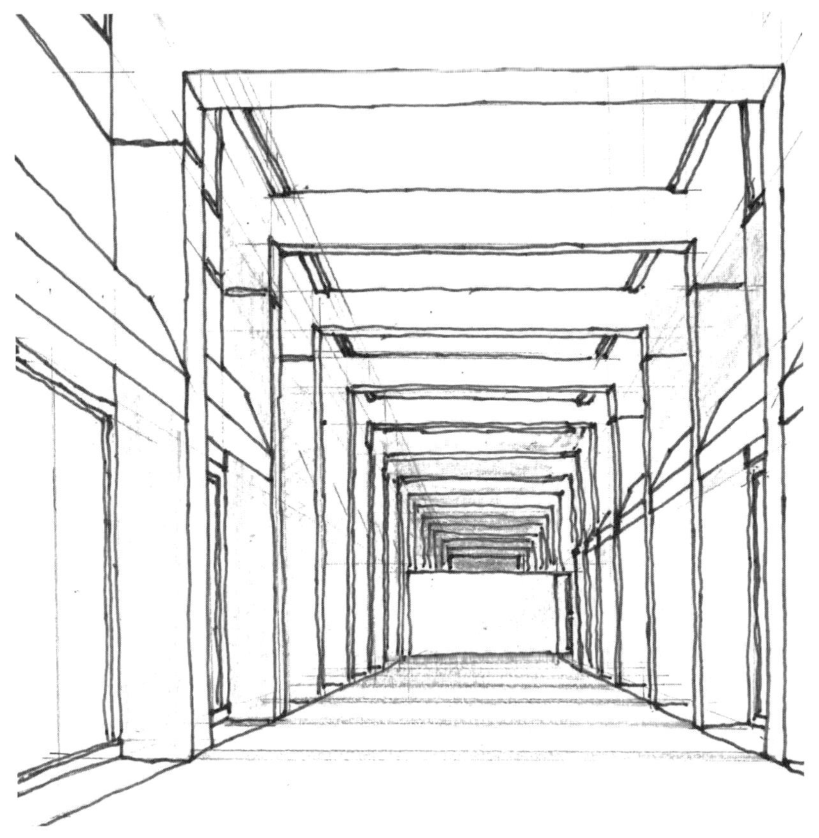

プレリュードを見る

施設全体としては、十分な量の耐震壁を各方向に配置し、耐震グレードⅡ類の強度抵抗型建物として設計しています。展示空間上部のガラス面は、200mmサイズのH形鋼だけで作ろうと考えました。外周フレームはタテ材（柱）とヨコ材（はり）を室内側からフランジ面が見えるようなラーメン架構で構成することにしました。そして、200mmサイズのH形鋼で応力的にもつような部材配置を逆に求めた結果、柱を4.5度ピッチ（スパン約2m）、高さ1.35mごとにはりを配置することにしました。一方、ガラス面の屋根を支持するはり部材も200mmサイズのH形鋼を使うために張弦ばりを採用しました。このように、使う部材を先に決めておいてそれに合わせた構造計画を立てる、逆のアプローチを取っています。

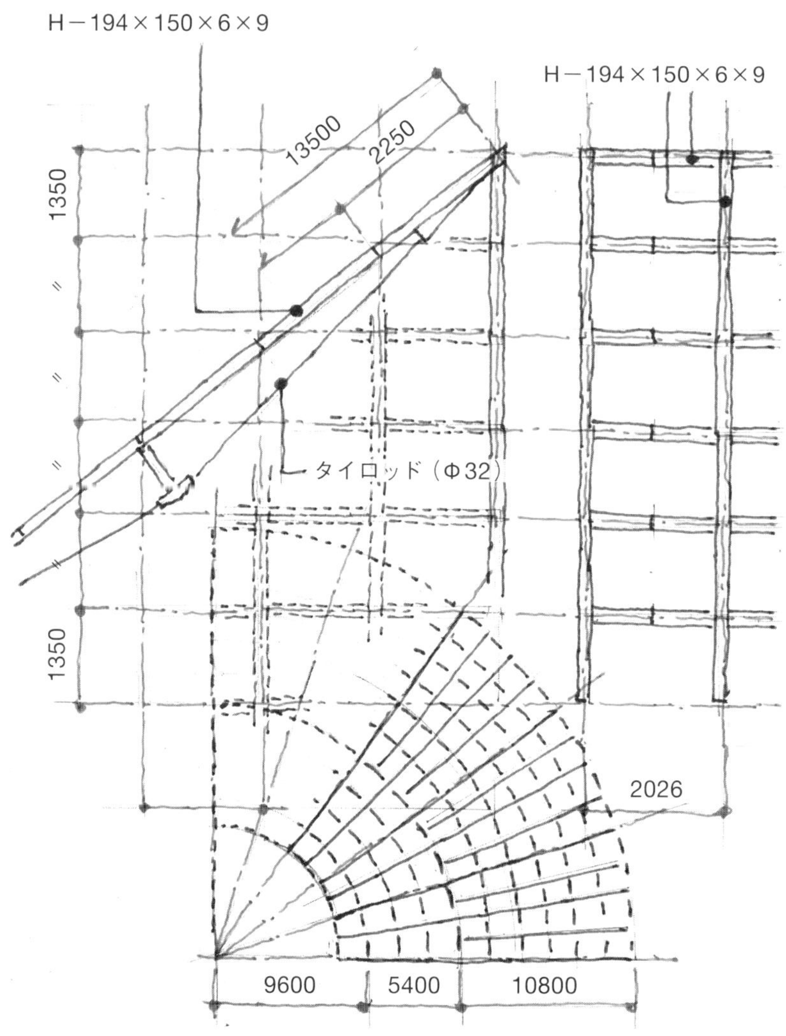

ガラス部分の構造計画

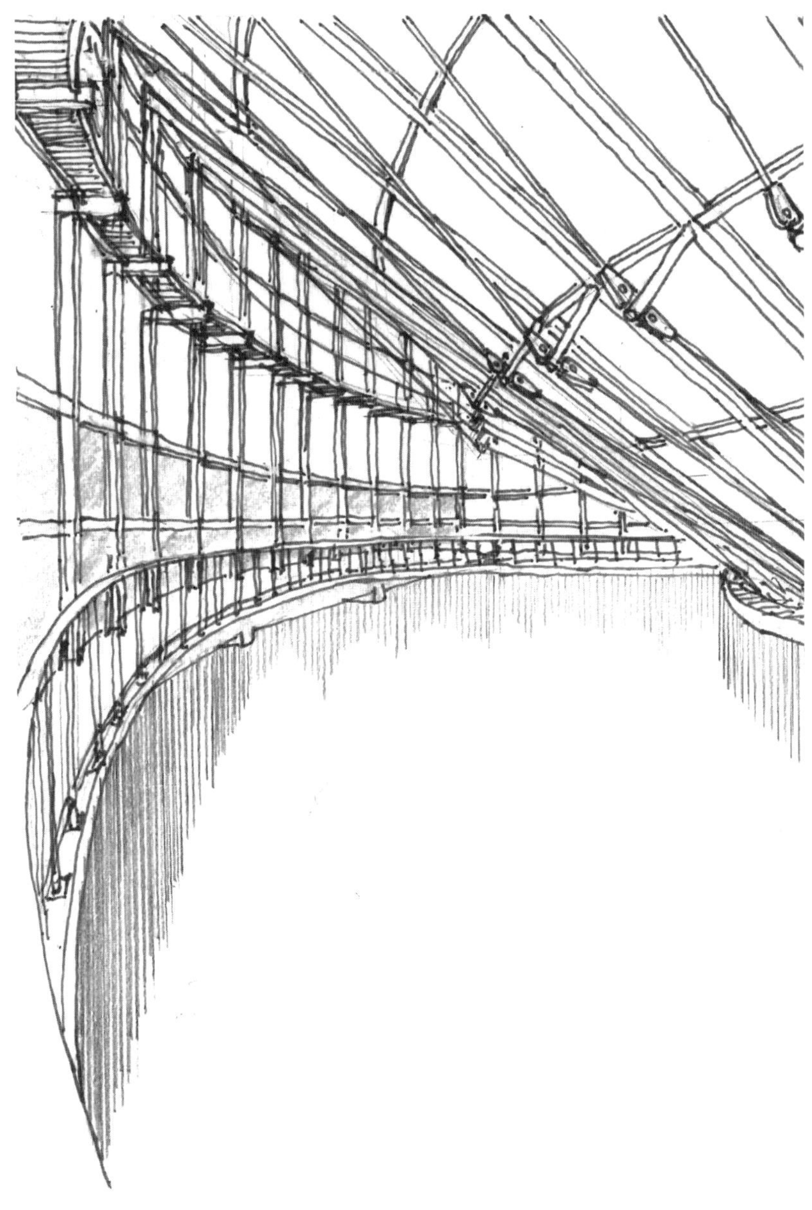

展示空間上部屋根

6. 建築デザインに自由度を与える

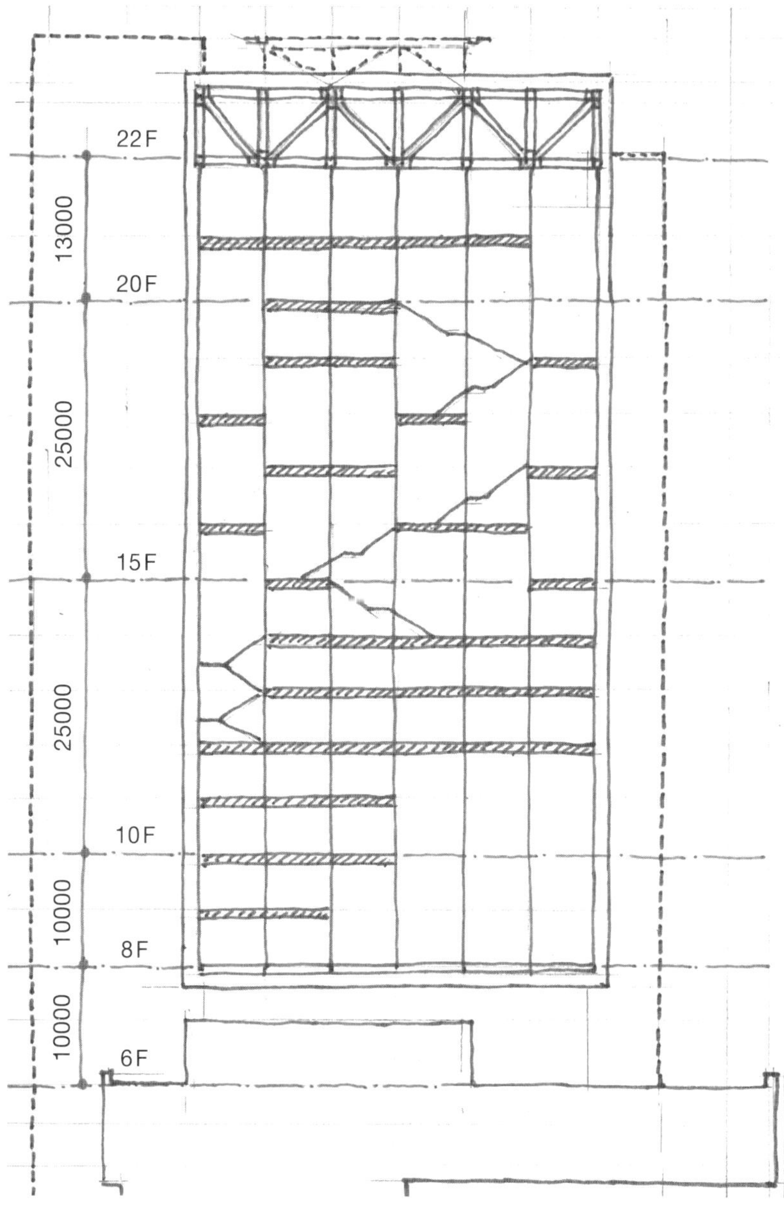

北面ファサード

本施設は市街地に建つ大学校舎で、低層部に600人規模のホールや会議室等を抱える積層型、22階建てのタワーキャンパスです。6階以上（高層階）の大学施設ゾーンは「コミュニケーションボイド」と呼ばれる12階から20階まで連続する吹抜け空間を有していて、さまざまなコミュニケーションを誘発するスペース「コミュニケーションパレット」を各所に設けているのが特徴です。

基本設計初期の打合せの中で、このコミュニケーションボイドをガラスのカーテンウォールでどのようにして覆うかという話になりました。カーテンウォールの自重を支持するとともに、地震時の慣性力、台風時の風圧力にも耐える構造部材を配置しないといけないのですが、ガラスで覆われる外壁面の大きさは幅約40m、高さ約90mにもなります。

柱に圧縮力として負担させると、座屈防止材が各所に必要となるので、当然吹抜け部分にそのような部材を設けることはできません。そのため、6階の広場まで下りていた外壁面をその上階で止めてもらい、最上階に設けていたハットトラスからダブルのフラットバーでガラス面全体を吊ることを提案しました。

ガラス面の荷重はいったん最上階のハットトラスに伝達され、主柱へと迂回しますが、それによりカーテンウォールの支持柱が引張力へと変わり、座屈の問題から解放されて断面積だけの問題になり部材断面を小さくできます。ただ、まだ吹抜け部のどの位置にどれほどの大きさの床（コミュニケーションパレット）を設けるかはこれからの検討課題でしたので、構造的なルール（条件）だけ提示し、その範囲内で自由に床配置の検討をしてもらうことにしました。

今回のように、床配置がランダム性をもたないと面白い空間にならないようなケースでは、個々の検討案の相談に応じるよりも建築デザイナーに自由度の高いルールを提示し、その中で自由に検討してもらったほうが良い結果を生むことも多く、むしろその方が双方にとって効率が良くなると考えています。

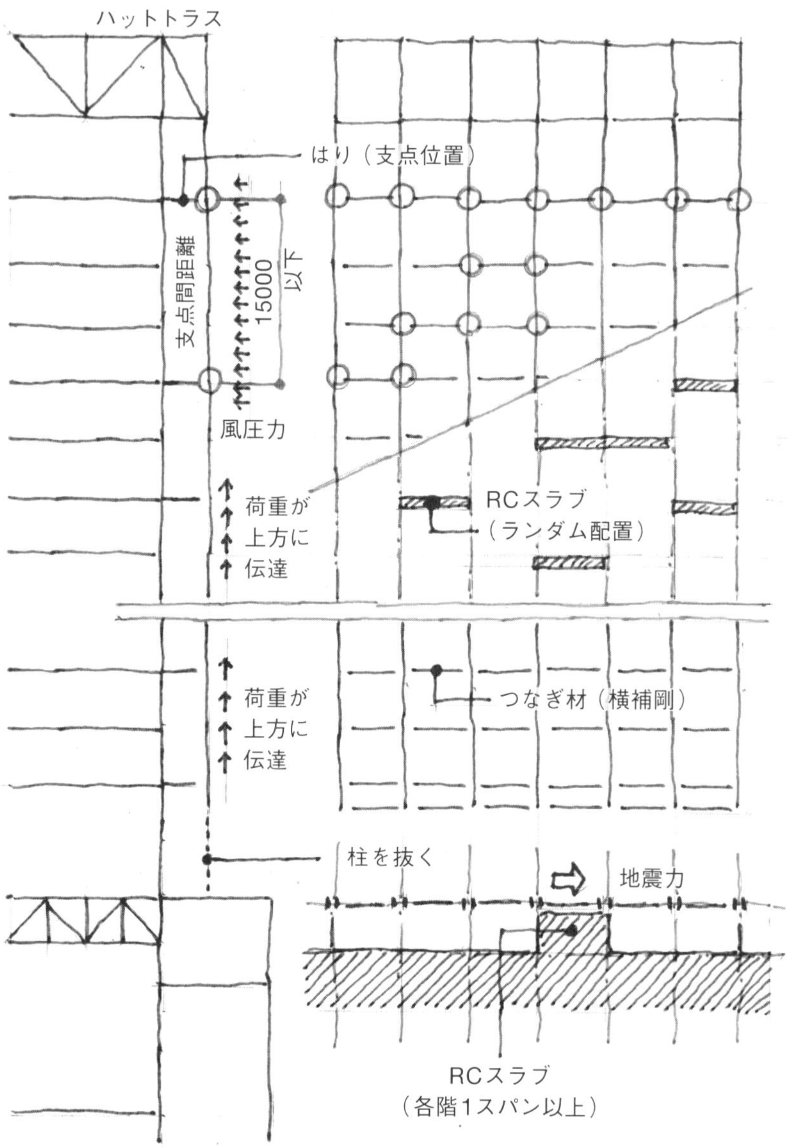

建築デザイナーに自由度を与える構造的条件

コミュニケーションボイドとパレット

7. 積み木細工のようにつくる

建物外観（3階屋外テラスから見る）

本施設は超急性期医療を提供する拠点病院で、歴史的に魅力ある景観を形成している街並みが敷地を取り囲んでいます。基本設計着手時、「これはできるかもしれない」と直感しました。それは、PCaPC（プレキャストプレストレスト鉄筋コンクリート）工法です。一言で言うと、あらかじめ工場で製作、搬入した柱やはり、床などの部材を、PC鋼線（鋼棒）を使って一体化し、積み木細工のように組み立てる工業化工法です。

この工法は、建物周囲に部材を揚重する重機が走り回るスペースと工場からの搬入部材のストックヤードが必要であり、また部材を工場生産するのである程度の部材のボリュームも必要になります。ですから、どこでも採用できる工法ではなく、今回は理想的な敷地条件でした。

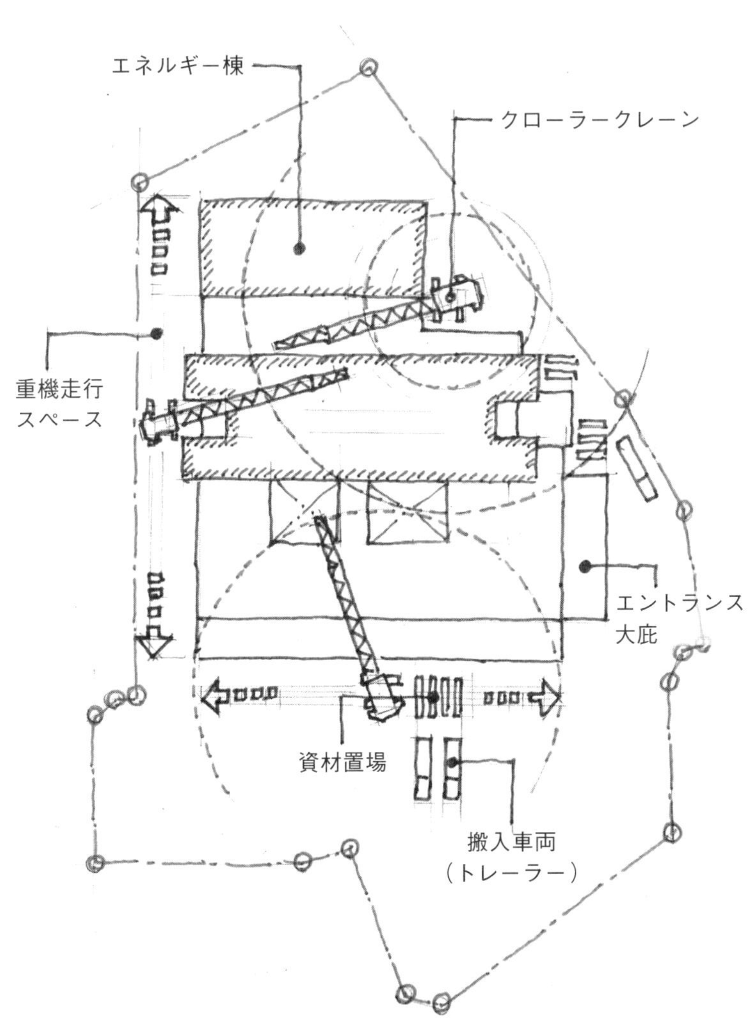

PCaPC工法に適した敷地条件

拠点病院ということもあり、当初から免震構造にすることは確定していました。PC造と免震構造とはスパンを飛ばせて免震装置の数を減らせるなど比較的相性が良いので、よくこの組合せが採用されています。また、PCaPC工法に関して、工業製品を用いる場合の基本は、サイズや形を統一して大量生産できるようにすることです。プレキャスト部材を工場で製作する場合、鋼製型枠を用いますが、型枠の数、すなわち部材形状の種類を減らさないとコストアップの要因になります。また、病院という用途を考えた場合、検査、診療フロアで生じる複数の床レベルをどう整理するか、そしてPC部材にはり貫通を設ける径や個数に制約があるため、相当な数の設備配管、ダクトやラック類とどう折り合いをつけるかが課題となります。そこで調整して決めた原則は次のとおりです。

① スパンの種類を最小限にする

② 部材断面のサイズ、形状を統一する

③ 床は施工時の作業床として使えるスパンクリート合成床版とする

④ はりレベルを極力揃える

⑤ 設備配管類は、原則としてはり下を通す

もちろん、床組み（はり配置）がイレギュラーになるとか、コア廻りなどに床開口が生じる例外は必ず出てきます。例外部分にまで無理やりこの工法を適用させるのは得策ではありません。本プロジェクトでは、S造（鉄骨ばり+デッキスラブ）で対応しました。

PCa部材の圧着工法を採用するにあたり、各方向とも全長が100m程度と長く、PC鋼線の緊張力による影響（柱はりの強制変形に伴う付加応力）が懸念されました。そのため、X方向では中央スパン（X4～X5間）を除く両側で二次緊張を行い、X4～X5間のPCaばりは後から架設して、三次緊張により全体を一体化することとしました。Y方向についてはY5～Y6通り、Y11～Y12通りのはりを鉄骨造としてあと施工とすることにより、収縮の緩衝帯としています。

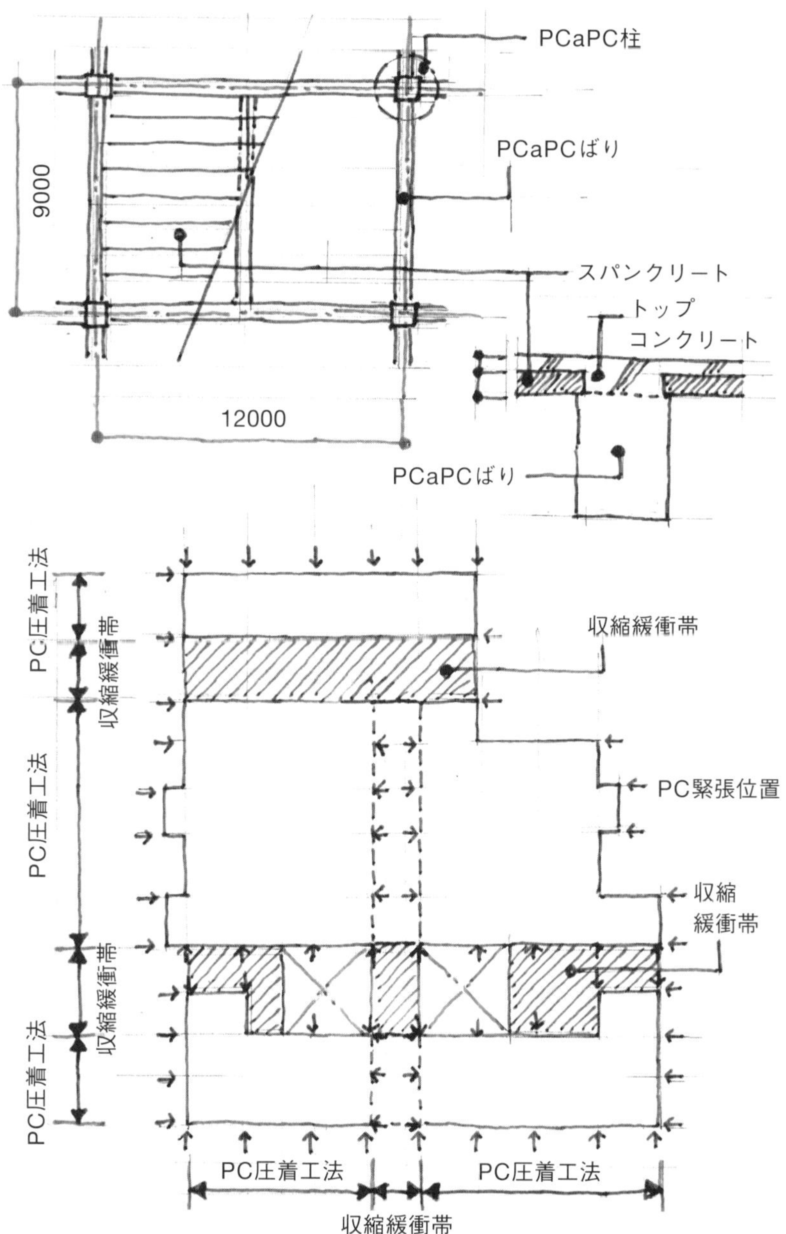

PCaPC工法を意識した構造計画

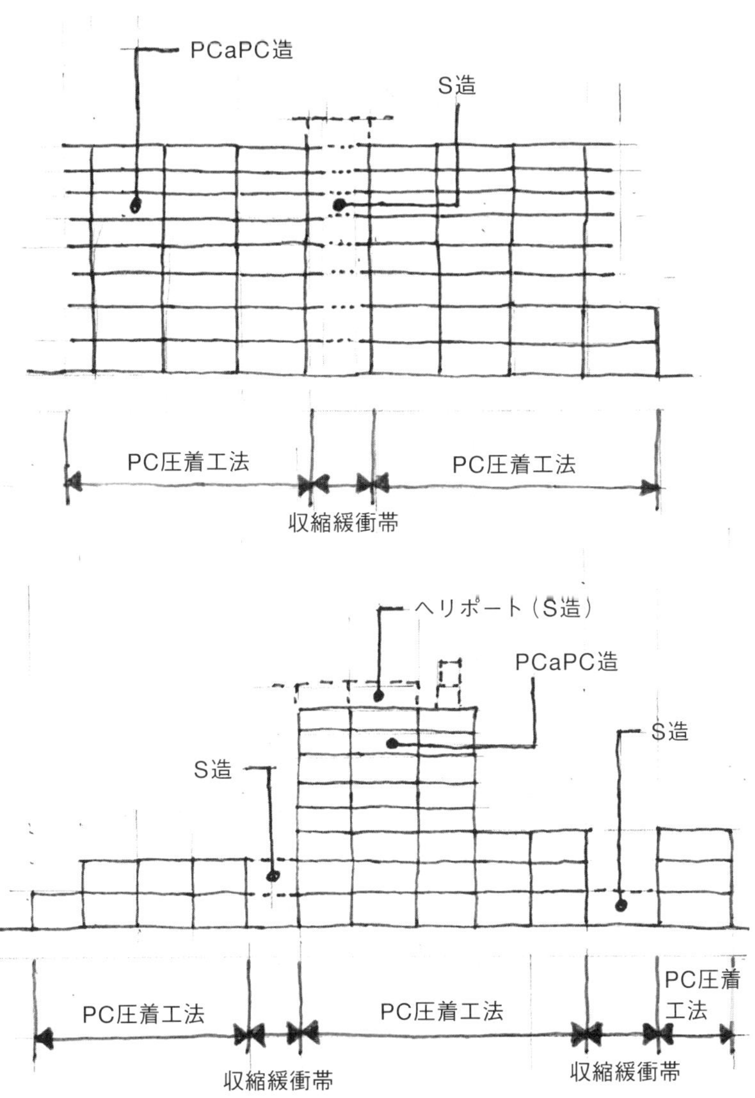

PC緊張力による躯体への影響を最小限に抑える工夫

1 免震ブロック架設

2 1階はり配筋

3 PCa柱架設

4 PCa大ばり架設

5 PCaPC小ばり架設

6 PC床版架設

7 低層部架構

8 鉄骨建方

各工程の施工状況[14]（(株) ピーエス三菱提供）

8. 茶碗を置く

施設外観

本施設は、地形の起伏、歴史的背景などの計画地の風景を取り込んだ駅前広場のかたちを具現化することがデザインコンセプトでした。諸々の事情で構造に関しては基本計画のみ関わり、基本・実施設計は他社が行うことになりましたが、基本計画での一瞬のひらめきが設計コンセプトとなり、そのまま建物が実現したという事例です。

相談を受けた時、古墳をイメージした建築物や広場を大小ランダムに配置したイメージパースとともに、S造の構造断面図も添えられていました。最初に思ったのは、大小の鉄骨部材をつなぎ合わせてつくる建築物ではないこと、用途を考えるとS造では剛性が不足するということでした。それと同時に頭の中に浮かんだのは、家族の茶碗が食卓に並べられている光景でした。

また、駅前での工事車両を減らすため、部材を工場から現場に搬入しPC鋼線で現場緊張して一体化するPCaPC工法を提案しました。PC鋼線を扇形に分割した各部材に通線して縛れば、架構として成立することは直感で理解できます。あとはトラックで搬入可能な重量にするのに何分割する必要があるかを検討し、基本計画の段階で早々に採用を決めました。

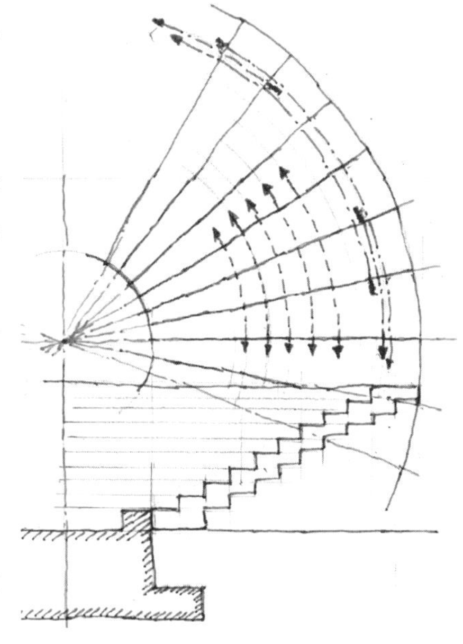

人工茶碗をつくる

9.　木組みのイメージを現代の技術で表現

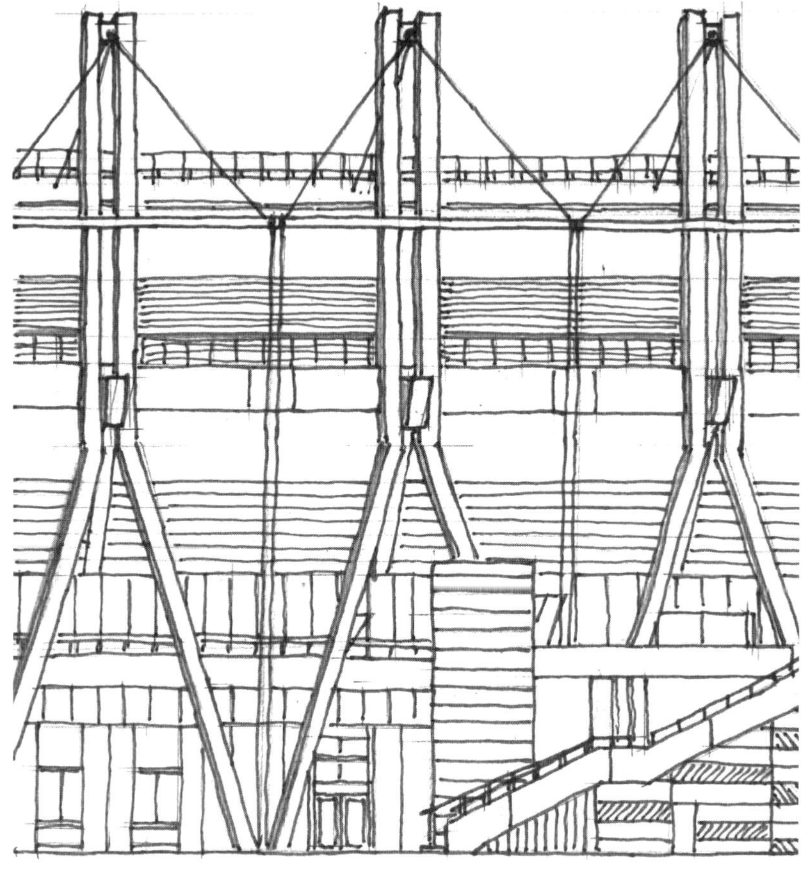

正面外観

この施設は神宮の森に隣接して建つ陸上競技場です。プロポーザル時に建築デザイナーから提示されたイメージスケッチは、現状とほぼ同じ逆V字型の柱が並ぶファサードだったと記憶しています。景観を活かすよう高さを抑える必要があり、その立地条件から「木組み」のイメージをどうやって現代の技術で表現するかがテーマでした。現場打ちRC造の場合、型枠をセットして配筋さえできればどのような形にも躯体を一体構築できてしまいますが、それでは木組みの接合部の特徴を出すことはできません。頭の中には、工法の選択肢としてPCaPC造しかありませんでした。

① 上部構造

柱筋やはり筋の納まり上、逆V字型柱を1点で交差させることはできず、まずどこで柱を折るかを検討し、3階はり下端で柱を折ることにしました。また、1～2階は柱のブレース効果により剛性が高くなるため、3階以上の水平剛性を急変させない配慮が必要です。耐力壁やブレースを設けることも検討しましたが、いずれも木組みのイメージを損なうことに加え、一対の柱間が短スパンになり応力集中するので、これらを束ねて3階柱をH形断面形とし、4階以上で再び一対の柱に戻すことにより、水平剛性のバランスを取りました。そして、柱間に直交ばりを通すことにより、木組み感を生み出し、必要とする3階柱せいも確保することができました。

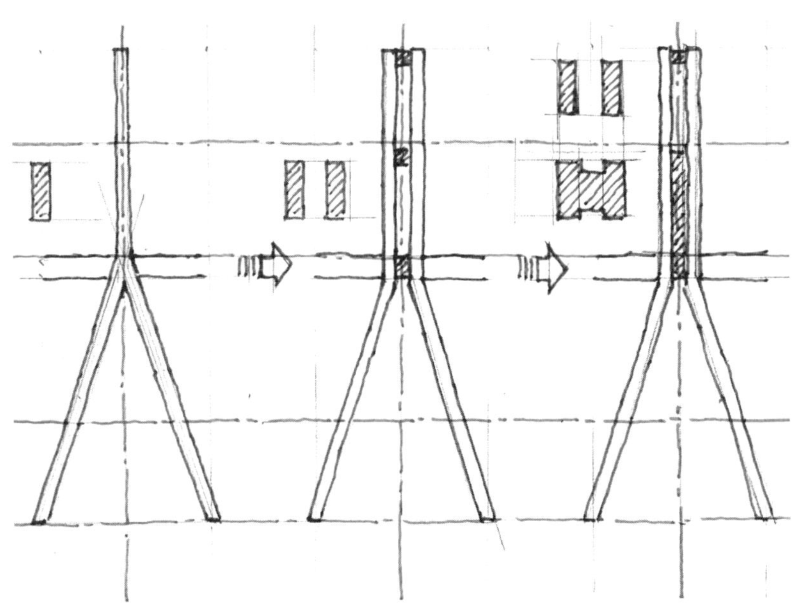

逆V字柱架構の検討過程

② 屋根架構

大屋根を受ける鉄骨架構については、断面を極力小さくするため、タイロッドを使うことにしました。タイロッドを各通りとも一直線に配置すると、半スパンずれている柱脚部と取り合いません。また、タイロッドを柱脚部まで斜めに配線すると地震時にブレースとして抵抗します。この問題を柱頭部からいきなり両側に斜めに引き込むことで解決を図りました。また、暴風時の吹上げ力に対しては、客席からの視認性に支障が出ない位置にフロントステイを設け、大ばりに固定しました。

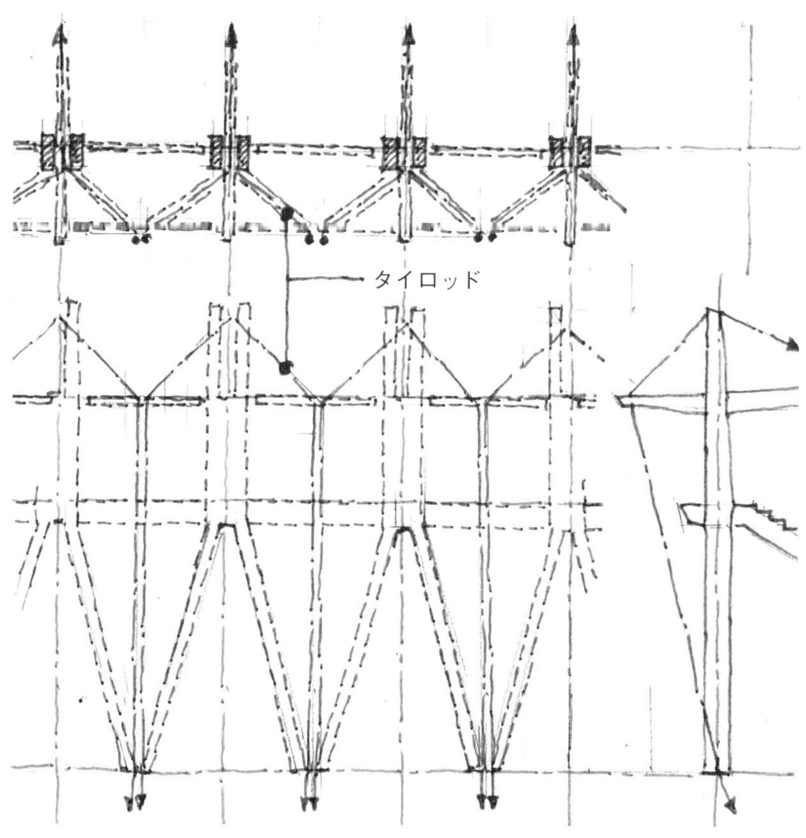

タイロッドの配線スタディ

③ コンコース棟

計画当初、2階のコンコース棟もPC造で検討していましたが、一部の柱が短柱になるため、ハウス・イン・ハウス形式で鉄骨架構を挿入しています。複雑な取合いが少なくなり、コスト的にも有利になりました。

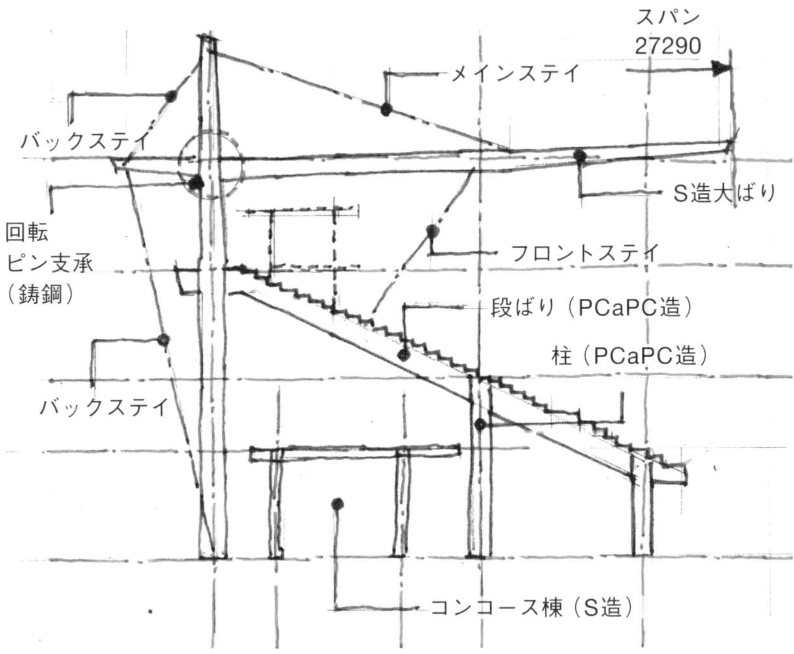

スタンドとコンコースの構造計画

④ スタンド

スタンドの段床については、段床だけで10m飛ばそうと2段分の段床を1ピースとして計画しました。その方がより大きな断面二次モーメントや断面係数を確保することができるうえに、揚重ピース数を減らし施工上のメリットも大きくなると判断したからです。

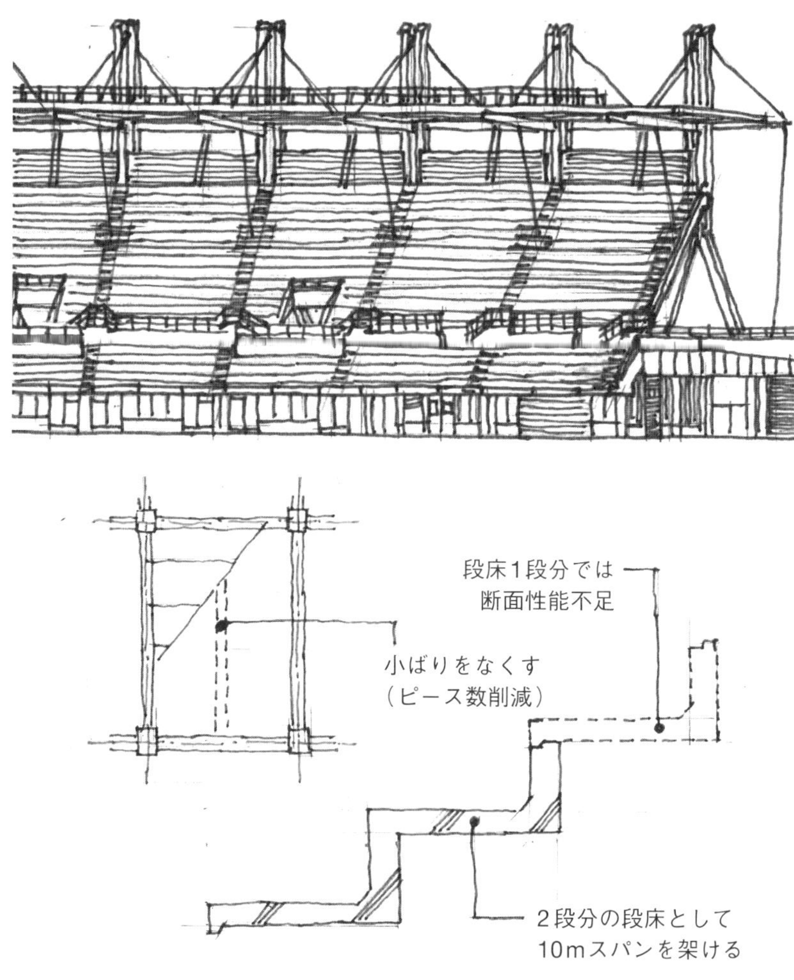

段床の集約化

建物外観（西面）

10.　17.4mを跳ね出す

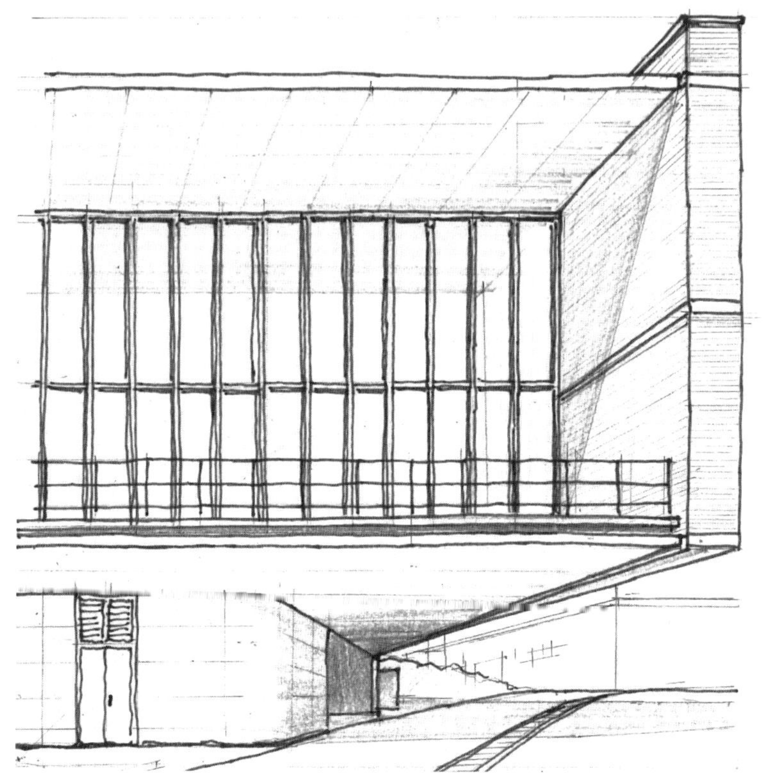

跳ね出し部分を見上げる

本施設は、キャンパス内外の研究者が交流し、研究活動を支援できる地下2階、地上2階建ての工学系の図書館です。斜面地でかつ校内道路に挟まれた敷地条件から、当初建物を東側校内道路上に20m跳ね出すことが求められました。西面2階にエントランスを配置し、東面には市街地を望む28m×9mの大開口のガラススクリーンを設けているのが特徴です。南北面は用途上壁で閉鎖されており、電卓で応力を概算した結果、全長最大約70m、高さ約10mの2層分のRC壁を片持ちばりとして利用しようと考えました。跳ね出し長さ分だけ控えの躯体をSRC造とし、さらに鉄骨トラスを挿入して応力はすべて鉄骨だけで処理することにしました。

ただ、跳ね出し部の根元に反力として軸力が集中することから、2.4mせいの壁柱を校内道路際まで設けました。これにより、跳ね出し長さを17.4mに縮めることができます。たかが2.4mと思われるかもしれませんが、曲げモーメントはスパンの2乗、たわみはスパンの4乗に比例することから、それぞれ約25％、40％低減できます。

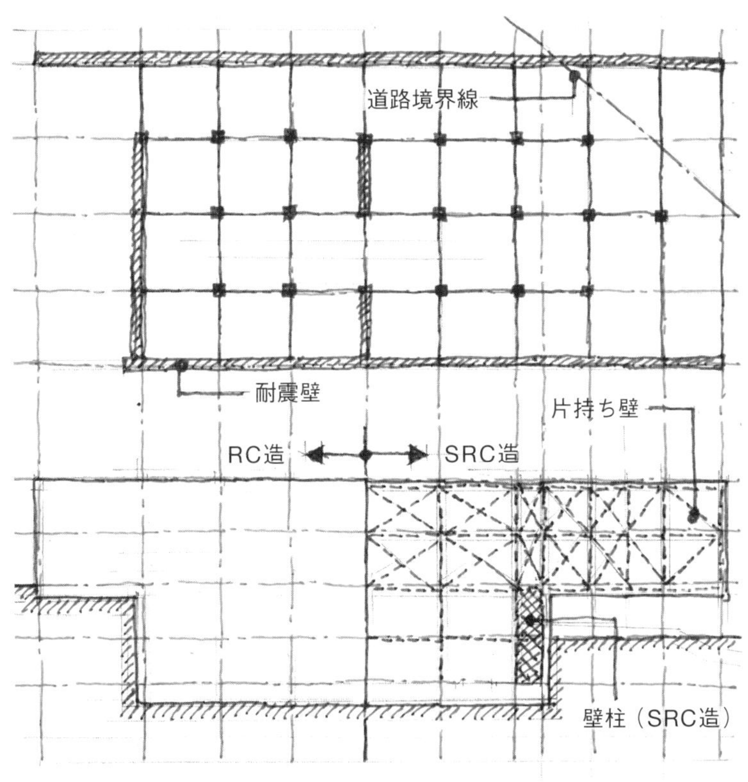

跳ね出すための架構計画

基本スパンは7.2m×7.2mと整形ですが、ガラススクリーン際のフレームについては、眺望性を損なわないよう中央の柱のみ残し、PCばりを採用して14.4mスパンとしました。さらに意匠性に配慮して、ガラススクリーン周辺の1階床面にはボイドスラブを、2階床面にはアンボンドPCスラブをそれぞれ配置してはり型をなくしています。

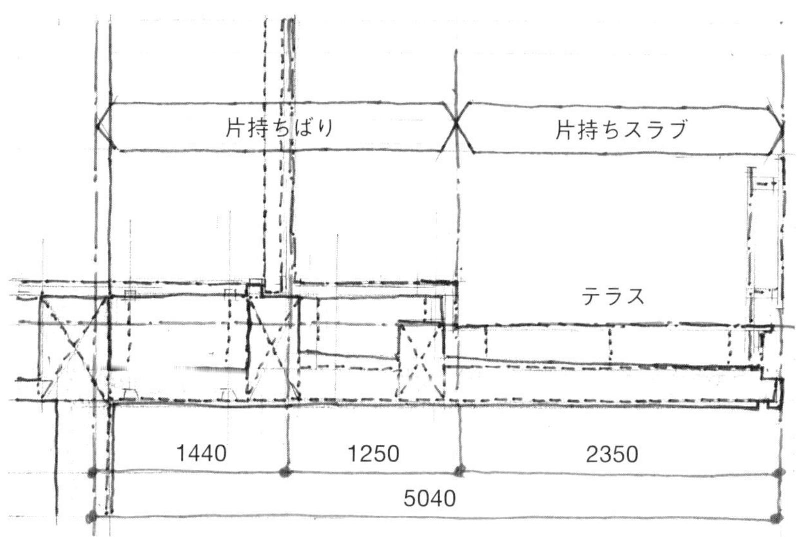

1階床まわり詳細図

1階閲覧室、2階コモンズを見る

本施設においても、建築デザインのアクセント効果をねらった階段を設けています。一つはRC跳ね出し階段です。南北面には十分すぎるほどの耐震壁を確保しているので、地震時の層間変形をほとんど気にする必要がなく、また大地震時にも損傷することはありません。そして、もう一つは2階エントランスと1階の閲覧室へとつなぐ鉄骨階段です。全長15mと長いので、ササラ桁をダブル使いしてせいを抑えました。

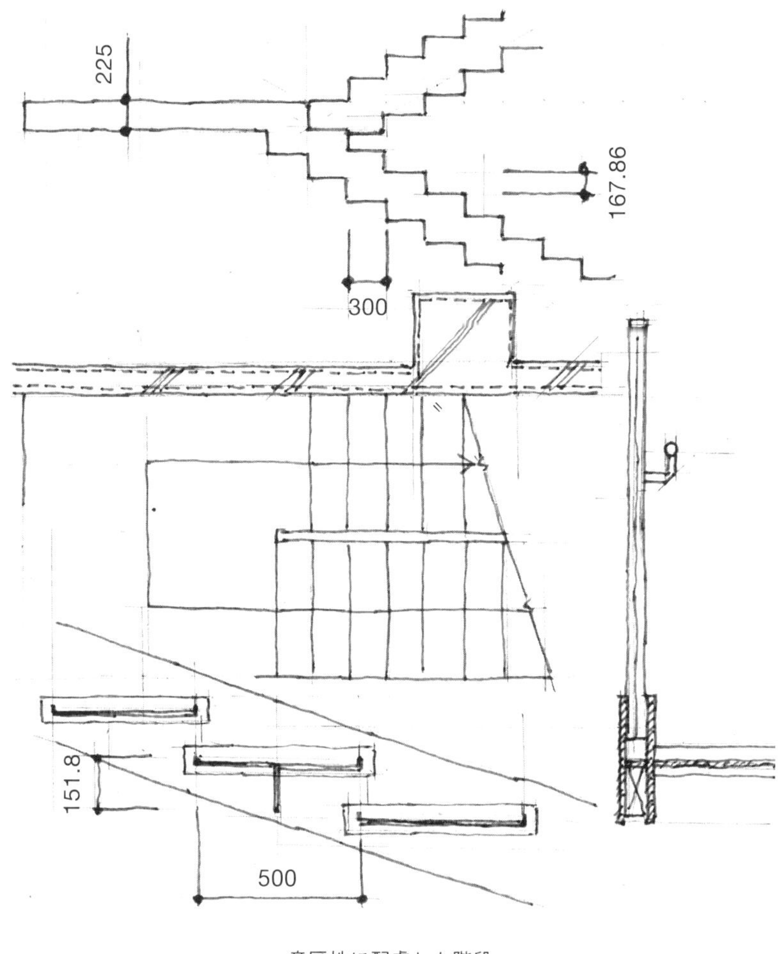

意匠性に配慮した階段

跳ね出し階段・直線階段スケッチ

COLUMN

マニュアル撮影のすすめ

デジカメの進化がすごい。ボディ内手振れ補正でも驚いていたのに、瞳AFで人物の虹彩にピントを合わせてくるかと思えば、今度は動物にも動画にも対応したと言う。一瞬被写体が画面から消えてもすぐ追従を始める。だから、オートに設定しておけば、シャッターチャンスを逃さず、誰でも失敗せずに写真が撮れるようになった。人がやることは、構図を決めてシャッターボタンを押すぐらいである。

被写体からレンズを通して集めた光を撮像素子が電気的にとらえ、画像処理エンジンでデジタルデータ化したものを記録メディアに保存するのがデジカメの仕組みであるが、これを知っておかないと応用が利かない。また、どのレンズを選び、絞りやシャッター速度、ISO感度をどう組み合わせると自分のイメージする写真が撮れるか。何度も失敗し、試行錯誤を繰り返して初めて、写真を撮る技術が身につくと思う。

それは、一貫構造計算プログラムにも当てはまる。計算条件など、メーカーが設定したデフォルト値が設定されていて、架構や荷重データさえ入力すれば何かしらの計算結果が出てくる。それでは技術は身につかない。大事なのは、モデル化や計算条件を吟味しながら応力と部材断面との関係を身につけていくことである。構造設計は自分の意志で行うものだ。電卓を使って手計算で応力などのオーダーを把握しながら、建物のどの部材にどれくらいの応力を負担させるのかを「あたり」をつけて自分で決めていくのである。

シャッターボタンを押すことが構造設計ではない。オート撮影を否定はしないが、まずマニュアル撮影で試行錯誤することを奨めたい。不便を楽しむことにより表現力も身につくし、何より構造設計の面白さがわかるようになる。

あとがき

建築以外のことから建築に関するヒントをもらうことは、たくさんあります。むしろ、建築よりもそれ以外の分野からアイデアをもらうことの方が多いような気がします。趣味の世界などその最たるものです。入社以来、仕事人間になりたくないと思い続けているのも、案外そのあたりが影響しているのかもしれません。

中学時代に夢中になった星新一氏のショートショートからは、異質なもの同士を結びつけて考えると、まったく新しいアイデアが浮かぶ可能性を教えられました。子供が独立して40年ぶりにギターを弾き始め、新たに参加したジャムセッションでは、他人の音を聞いて音で返すコミュニケーションの大切さを思い知らされました。また、何か音を出さないことにはジャムセッションが成立せず、出して試行錯誤を繰り返すうちに、学生時代にまったく理解できなかった音楽理論がわかるようになったことも、自分にとっては目から鱗でした。

さらに大学の非常勤講師として、高校で文系を選択した学生たちに十年以上にわたって構造力学を教えたことは、難しい内容をわかりやすく伝える貴重なトレーニングになりました。自分で「直感シリーズ3部作」と勝手に呼んでいる3冊の本も、実はこうした下地があったからこそ執筆、出版できたと考えています。

本書は、建築デザイナーが構造設計者の着想を共有することによって少しでも視野を広げてほしいという想いで執筆しました。瞬時にポイントを感じ取る、嗅ぎ取る。この直感力は、専門外だからこそ大事な能力だと思っています。「直感力」と同じ読み方で「直観力」がありますが、こちらは本質を見抜く力であって、構造設計者でもない限り必要としない能力です。

直感で「ピンときた」という言い方をよくしますが、これがアイデアの源になるような気がします。アイデアとは言っても、本書で紹介した事例はいずれも実際に設計で検討を重ねて適用したものであり、単なるアイデア集ではありません。工学の分野では、ヒントをもとにこれまで得た知識、技術を使ってアイデアを形にすることに意味があります。本書を読まれた方からさらに新しいアイデアが生まれることを期待していますし、そう願っています。

最後に、本書の出版の機会を与えてくださった一般社団法人日本建築協会ならびに同出版委員会の委員各位に対し、深く謝意を表します。また、株式会社学芸出版社編集部の岩崎健一郎氏、山口智子氏には、企画から編集、出版を通してお世話になりました。さらに本書の執筆にあたり、設計で苦楽を共にしたプロジェクトメンバーをはじめ、社内外を問わず協力いただいたすべての方々に対し、厚くお礼を申し上げます。

2021年7月吉日

山浦晋弘

参考文献

1） 山浦晋弘
『1.2 自然災害と安全』『構造設計一級建築士定期講習テキスト［第9版］』
株式会社 確認サービス / 2020年7月 / pp.1-1-2～1-1-6

2） 山浦晋弘
『直感で理解する！ 構造設計の基本』
学芸出版社 / 2016年4月 / pp.10～11、pp.86～90ほか

3） 尼﨑隆、松本孝弘、秋田智
『サウスゲートビルディングの構造設計』『鉄構技術』
鋼構造出版 / 2011年8月 / pp.62～69

4） 武藤清、小山一郎、山本正勝
「特殊階段の設計（その1）」
『日本建築學會研究報告』/ 1951年12月 / pp.173～176

5） 武藤清、小山一郎、山本正勝
「特殊階段の設計（その2）」
『日本建築學會研究報告』/ 1952年3月 / pp.343～346

6） 武藤清、山本正勝
「特殊階段の設計（その3）：壁に平行なはね出し階段その2」
『日本建築學會研究報告』/ 1952年9月 / pp.142～145

7）『重要文化財（建造物）耐震診断・耐震補強の手引（改訂版）』
文化庁 / 2017年3月 / pp.43～47

8）『伝統的な木造軸組を主体とした木造住宅・建築物の耐震性能評価・耐震補強マニュアル（第2版）』（第1～4部、別冊第5部）
一般社団法人日本建築構造技術者協会関西支部 / 2014年4月

9）『伝統的な木造軸組を主体とした木造住宅・建築物の耐震性能評価・耐震補強マニュアル（第2版）』（第6部）
一般社団法人日本建築構造技術者協会関西支部 / 2016年4月

10）『伝統的な木造軸組を主体とした木造住宅・建築物の耐震性能評価・耐震補強マニュアル（第2版）』（第7部）
一般社団法人日本建築構造技術者協会関西支部 / 2019年10月

11）『歴史的建築物の活用に向けた条例整備ガイドライン』
国土交通省 / 2018年3月

12）『木造限界耐力計算II Ver.2』
一般社団法人日本建築構造技術者協会関西支部 木造住宅レビュー委員会 / 2013年6月

13）山浦晋弘
『直感で理解する！ 構造力学の基本』
学芸出版社 / 2018年3月

14）山浦晋弘、秋田智、池田直子、屋田研郎
「兵庫県立淡路医療センターの構造計画と施工
－ 一辺が約100mの平面形状を有する免震病院 －」
『プレストレストコンクリート』vol.55、No.4 / 2013年7月 / pp.21～28

山浦晋弘　（やまうら　のぶひろ）

1958年大阪府に生まれる。1984年に大阪市立大学大学院工学研究科（建築学専攻）修了後、株式会社安井建築設計事務所入社、現在に至る。執行役員、構造部総括。2010年より大阪市立大学非常勤講師。

著書に『直感で理解する！構造設計の基本』『直感で理解する！構造力学の基本』『3分で解く！一級建築士試験　構造力学』（以上、学芸出版社）。

一級建築士、構造設計一級建築士、JSCA建築構造士、APECエンジニア。

直感で理解する！
建築デザイナーのための構造技術の基本

2021年8月15日　第1版第1刷発行

著者 ……………… 山浦晋弘
企画 ……………… 一般社団法人　日本建築協会

発行者 ………… 前田裕資
発行所 ………… 株式会社　学芸出版社
〒600-8216
京都市下京区木津屋橋通西洞院東入
電話 075-343-0811
http://www.gakugei-pub.jp
E-mail info@gakugei-pub.jp
編集担当 ……… 岩崎健一郎、山口智子

装丁 ……………… Iyo Yamaura
本文デザイン … Iyo Yamaura
印刷 ……………… イチダ写真製版
製本 ……………… 山崎紙工

ISBN 978-4-7615-2785-3　Printed in Japan

図解　建築と構造の接点　トラブル予防のツボ100

仲本尚志・馬渡勝昭・長瀬正 著 / 日本建築協会 企画　A5判・256頁・定価 本体2800円＋税

建築の様々なトラブルは建築デザイナーと構造エンジニアの協業不足が原因であることが多い。本書はそんなトラブルにつながりやすい「接点」を、建物のライフサイクル・構造種別に紹介し、トラブルの原因と予防のためのノウハウをイラストで具体的に解説。デザインと技術の融合で良い「ものづくり」を目指す設計者の手引き。

ディテールから考える構造デザイン

金箱温春 著　B5変判・240頁・定価 本体3800円＋税

住宅から公共建築まで、多くの著名建築家と協働する構造家の設計手法に初めて迫る。代表作41作品を建築的課題とそれに応える計画プロセスに沿い、多数の写真・詳細図・スケッチで詳解。必ずしも特殊な架構技術に頼らず、一般的な技術でバランス良く解かれた接合部のデザインが構造計画全体、ひいては建築の質をも決めている。

構造設計を仕事にする　思考と技術・独立と働き方

坂田涼太郎・山田憲明・大野博史 他編著　四六判・272頁・定価 本体2400円＋税

安全とデザインを両立させ、理論を土台に建築を創造する仕事。その思考と技術、修業時代から独立、働き方まで、構造家の素顔を活躍中の16人に見る。難しい計算の仕事だけではない、建築家と協働し美しい架構を見出した時のワクワク感、安全への使命感、チームワークの醍醐味と達成感が味わえる。構造設計の世界へようこそ。

図解　住まいの寸法　暮らしから考える設計のポイント

堀野和人・黑田吏香 著 / 日本建築協会 企画　A5判・200頁・定価 本体2600円＋税

住宅の設計には、そこに住む人の暮らしをふまえた寸法への理解が欠かせない。本書では、玄関、階段、トイレ、洗面室など、住まいの13の空間の持つ機能と要素を整理し、そこで行われる生活行為に支障のない、理に適った寸法をわかりやすい2色刷イラストで紹介。寸法という数字の持つ意味を知ることで設計実務に活かせる一冊。

図解　住まいの設備設計　暮らしやすさから考える家づくりのポイント

堀野和人・加藤圭介 著 / 日本建築協会 企画　A5判・172頁・定価 本体2600円＋税

安全で快適な住宅をつくるには、暮らしやすさをふまえた設備計画が欠かせない。住宅を設計する上で知っておきたい住宅設備の基本知識とともに、玄関・洗面室・寝室など、住まいの10の空間別に、生活行為に適した設備設計の考え方をわかりやすい2色刷イラストで紹介。『図解住まいの寸法』著者による、設計実務に役立つ一冊。

写真マンガでわかる　住宅メンテナンスのツボ

玉水新吾・都甲栄充 著 / 日本建築協会 企画　A5判・248頁・定価 本体2800円＋税

ストックの時代を迎え、長期間にわたり住宅メンテナンスを担える人材のニーズは高まる一方だ。本書は、敷地・基礎から、外壁・屋根・小屋裏・内装・床下・設備・外構に至るまで、住宅の部位別に写真マンガでチェックポイントと対処法、ユーザーへのアドバイスの仕方をやさしく解説。住宅診断・メンテナンス担当者必携の1冊。

図解　間取りの処方箋　暮らしから考える住宅設計・改修のポイント

堀野和人・小山幸子 著 / 日本建築協会 企画　A5判・184頁・定価 本体2600円＋税

玄関・トイレ・LDK・寝室・納戸など、住まいの8つの空間について、実際に人が暮らしていく上で不都合が生じる「お困り間取り」とその改善ポイントを、ユーザーの会話＋「設計課長の診察室」という構成で、2色刷イラストを用いて丁寧に解説。各章末には巷に溢れる「チラシの間取り10ポイントチェック」も掲載。

超図解！　建築施工現場

稲垣秀雄 著　B5変判・256頁・定価 本体3200円＋税

建設工事において、現場監督や設計者・施工者が知っておきたい知識を、工事段階ごとの厳選100項目による見開き構成で具体的に掘り下げて解説。現場の疑問に答えるQ＆Aを各項に設けた。1000点を超えるイラストで現場がイメージでき、要点が一目瞭然。建設会社技術部門で50年間勤め上げた著者が贈る施工管理の智恵。

現場写真でわかる！　建築設備の設計・施工管理

定久秀孝 著　B5変判・216頁・定価 本体3800円＋税

設備のトラブルは、どの現場も似たようなケースで起こる。給排水・空調・電気とあらゆる機器が同居し“教科書どおりにいかない”実務の知識を、長年現場監理に従事してきた著者がまとめる集大成。今更聞けない基礎知識・トラブル予防の肝が現場写真で一目瞭然！知識不足なままに即戦力として現場に送り込まれる若手必見の書。

集合住宅の騒音防止設計入門

安藤 啓・中川 清・縄岡好人 他著　A5判・160頁・定価 本体2400円＋税

年間10万戸が新築されるマンションをはじめとする集合住宅は最も騒音トラブルが発生しやすい。本書は、ゼネコン出身の音響設計のプロが蓄積してきたトラブル事例やノウハウを結集し、交通・生活・設備から発生する各種騒音の原因から、騒音を防止する対策と効果までわかりやすく解説。設計・施工の実務に役立つ入門書。

狭小地3・4・5階建て住宅の設計法

大戸 浩・森川貴史 著　B5判・144頁・定価 本体3500円＋税

二世帯居住、都心居住が注目される今、特殊条件が多い都心の狭小地でいかに設計施工を行うか。本書は、法規制、構造の制約、耐震・耐火への対応や環境設備面の工夫、施工時に配慮すべき点など、狭小地中層住宅設計のノウハウを50のキーワードで網羅。多数の写真と事例により木造・鉄骨・RC造それぞれのポイントを解説する。